三木清大学論集

miki kiyoshi
三木 清
大澤 聡・編

講談社文芸文庫

目次

I 学問論

II　教育論

Ⅲ　制度論

補論 「大学の没落」について

三木清大学論集

I　学問論

真理の勇気――『新興科学の旗のもとに』創刊に際して――

「真理の勇気」という言葉はヘーゲルの有名な言葉であるが、私のもっとも好きな言葉だ。本当の勇気が事物の客観的な認識から出て来るのはもとよりである。しかし事物の客観的な認識を得るためにはなによりも勇気を必要とする。簡単な例をとれば、老人が青年によって打ち克たれるということは当然過ぎることである。そうでないならば一般に歴史に発展がないはずでなければならぬ。それ故に老人はまさに自己の没落の過程を認識すべきであるに拘らず、多くの場合彼等はあたかも自己が永遠の存在であるかの如く振舞う。自己の必然的なる没落を認識するためには勇気がなければならぬ。

かくして老人は、新しいものが唯一時の流行であるとか、迷信であるとか、若い者の空想であるとかなどいう議論を構えて新しいものへの進展を妨げようとする。彼等は勇敢に進出しつつある青年をもって生意気だとか、不真面目だとか、危険だとか、と呼ぼうとする。事物の発展を正直に認識することが如何に困難であるかが知れる。もっともここに老人といっているのは年齢の多いということでなく、みずからにおいて発展することをやめた者のすべてである。

学問といえども時代の子である。従って現代のような特に過渡的な時代にあっては既成科学に対して新興科学の生れるのは当然である。現代が特に過渡的であるということは、そこでは矛盾や対立がもっとも尖鋭化して到るところに現わされていることによって明かである。現代をある人々のようにあらゆる議論を構えて永遠化しようとするのでなく、却ってこれを過程として正確に把握し得る者は、新興科学を把持し、展開せしめねばならぬ。実際、新興科学はマルクス主義を中心として既に発展しつつあるのであり、また発展し得るのである。

然るに自己の没落を正面から認めようとしない「老人」学者は、新興科学をもって唯一時の流行となし、迷信または空想となし、危険となすのである。これらの人々は歴史の運動を否定するという意味で凡て反動的学者と呼ばれてよい。対立の激成しつつある時代においては真理の勇気なしには新興科学に仕えることが出来ない。この勇気を維持するためには青年学徒の協力を必要とする。

かくてわれらは最近『新興科学の旗のもとに』という新しい月刊雑誌を発刊したのである。従来の多くの学術雑誌において代表されていない新興科学の発展のために仕えようとする綜合的理論雑誌である。それが綜合的であるのはこれまでの学術雑誌が各々の専門に限られていた欠を補うためばかりでなく、新興科学は綜合的研究でなければならぬという確信からである。そこではつねに新しい問題が示され、新しい解決の仕方が提出されるであろう。既成科学の分解没落の過程の必然性が明かにされるのはいうまでもない。

幸いに新進有為なる研究家、学者の参加、協同の承諾を多く得ることが出来たから、今後の生長発展を十分に期待し得るつもりだ。われらは真理の勇気を有する、われらはわれらの歴史的使命を知っているつもりだ。『新興科学の旗のもとに』の創刊にあたって、私はここにわれらの仕事の意図の一端を述べさせていただいた。

（一九二八年一〇月）

理論の性格

理論の担う意味は、本来、真理ということでなければならぬ。従って一定の理論は、それが真であるか、或いは偽であるか、という見地から判断され、評価さるべきである。恰も芸術が美醜の見地から評価され、行為が善悪の見地から判断されるのと同様である。否、現代の哲学は更に進んで、理論の考察は専ら真偽の観点をのみ容れるべきであって、従って一定の理論が美しいとかまたは悪いとか云うことは出来ぬ、と主張している。即ち、理論の関わるところの「価値」はただ真理、虚偽であると考えるのである。

しかるに我々の現実の生活に於ては、我々は、これは善い理論だとか、或いはこれは悪い理論だとか、と言う。これが最も普通の現象である。例えば、思想善導という言葉をとって考えてみても、それは、真なる若くは正しい思想の方へ善く導いてゆくということを意味している。なぜなら、若しそれが真なる理論の認識へ善く誘導するということであれば、何が真であるかは、ただ自由な研究を俟って初めて決定されるのであるから、思想善導ということが、現実にそうであるように、学者の研究の自由を束縛したり、更に学生の攻学の自由を取締ったりすることである筈がないからである。ここで問題となっているのは正しい理論でなくて、善い理論であることが知れる。また我々は、或る理論を、反動的もしくは急進的として、右傾思想として、左傾思想として、特色づけ、そしてそれが何を意味するかを現実の生活に於て理解している。だが本来、理論を理論そのものとして見れば、反動的または過激的であったり、右であったり、左であったりする筈がなく、単に真であるか偽であるかでなければならぬ。しかし現実に於てはそうではないのである。私はこれらの言葉、善い悪い、過激、反動的、などの表現するところのものを、理論の「性格」と呼ぼうと思う。現実に於ては理論は、凡て性格的である。

従来の認識論は理論を無性格なものとして考察している。それは、無性格ということを特性とする数学や自然科学の研究をその考察の出発点とし、そしてかくの如き種類の認識を一切の認識のモデルとしたからである。人間社会に関する学問も、このモデルの規定に適合すべきものとして、無性格的であるべきであると見做された。そしてかくの如く観察し得るために、人々は理論を単に理論として、現実の存在から抽象して取扱った。理論はそれ自身のうちに内在する性質として、現実からの游離性を含んでいるということが、このような観察を或る程度まで可能にするに相違ない。然しながら具体的に、全体的に把握するならば、先ず理論は存在のうちから出て来るものである、このもののうちに由来をもっている。従って理論の研究は、それが現実から発展して来る過程を先ず研究しなければならぬ。私はこの研究を理論の系譜学と名づけようと思う。しかるにかく由来した理論は、まさに理論として、存在から独立な成立を持つに到る。存在からの游離に於て、これまでの哲学が問題としていた意味に於ける妥当性、客観性、一般に理念性が成り立つ。かくて第二に理論の理念性の研究、理論の理念学とも呼ばるべきものがあり得る。然しながら、理論は更に再び存在に働きかけ、これを支配し指導する、謂わば存在のうちへ再び還ってゆくのである。かくの如き存在に対する働きかけの関係に於て理論は一定の性格を得るに到る。それ故にこの関係の研究は理論の性格学であろう。自然科学もまた自然の存在へ働きかけ、これを支配し、征服するという意味をもっている。けれどもこの場合には働きかけられる対象が人間でなく、却ってまさに自然であるの故をもって、我々にとって自然科学的認識は無性格であるのである。これに反して社会科学の場合ではその働きかけの対象が恰も人間であるの故に、社会科学的認識は現実には常に性格的である。理論はこのようにして存在から出て存在に還る。この全体の過程のうちに理論の生命がある。理論の具体的研究は理論の生命の研究でなければならぬ。

理論が性格的であるということは学問の研究に従事する者にとって警戒すべき事柄であるように見える。我々は善い理論と考えられているものを真に真なる理論と考えるようにさせられる。しかるに人間社会が、例えば階級的構成のものであるとするならば、世間で善い理論といわれているものは主としてその時代の支配階級にとって善い理論であるという意味であって、決してそれが正しい理論であるということを意味しないのである。階級のない社会の到来をまって初めて善い理論と正しい理論とが一致することが出来る。階級社会では善い理論とはいつでも特に一定の階級にのみ善い理論である。しかし学問の研究は真理を目差さねばならぬ。

（一九二八年一二月）

哲学の衰頽と再建の問題

一

最近文壇の一部でいわゆる「純粋文学の滅亡」という題目が特に取上げられて問題にされた。尤もこの問題は今に初まったことでなく、数年このかた絶えず触れられて来たところのものである。純粋文学の滅亡ということが問題にされるのと同様の意味で、哲学の衰頽ということがまた問題になり得るように見える。なぜなら文学に何か純粋文学という如きものがあると考えられるように、哲学にも何か純粋なものがある如く考えられているからである。いな、純粋なものは哲学の一種類もしくは一部分ではなくて、哲学は凡そ何か純粋なもの一般であるとも見られている。そこで今日純粋文学の滅亡が問題にされるならば、哲学の衰頽はそれにもまして問題とならねばならぬかの如くに思われる。いずれにせよ、「哲学は衰頽しつつある」、これが今日人々の間で一般に支配している心理であり、或は見方であると云われることが出来よう。

かく云われる哲学の衰頽の徴候は何処に、如何な形で見出されるであろうか。それは先ずいわゆる大衆の哲学に対する関心と熱意との衰頽に於て見出されると云われよう。出版される哲学書の数は今日と雖も決して少いとは考えられないかも知れない。然し今日人々は、嘗てベルグソン、オイケンなどの流行した当時のような、或はまた西田哲学が普及した当時のような関心と熱意とを哲学に対して感じているであろうか。哲学は今日一般人に対してかの時代の如き影響力ないし指導力を有するものとは到底思われない。今日哲学に興味をよせている者は、一般社会からして、どちらかといえば時代遅れの人、意志と力とを欠ける人という風にさえ見られる。或る論者は云おう。かような状態は哲学にとってなんら悲しむべきことでない、と。なぜならかの当時人々が哲学を求めたのはそれから人生観、もしくは世界観を得んがためであった。然し哲学は本来科学であるべきであり、かかるものとして哲学は世界観や人生観――これは科学の問題でなくて信仰の問題である――を与うべき性質のものでないから、このようなものを求める一般人が哲学から離れ去ったということは哲学にとってなんらの損失をも意味しないのである。私はもちろん、マックス・ウェーバー、或はカール・ヤスパースなどのいわゆる「予言者的哲学」の理念に必ずしも同意する者でないから、論者のこのような意見にも或る真理を認めることが出来る。人生観や世界観は、哲学者自身の場合に於てさえ、根源的には哲学によって初めて与えられるのでなく、他の処で、現実の生活の中から、既にいわば自然生的に形作られていると云われよう。然しながら人間は彼等の生活の種々なる機会に於て、彼等の自然生的な世界観を反省し、それを基礎付けようとする要求を感じる。このとき哲学は求められる。それだから謂ゆる大衆の哲学に対する関心と熱意との衰頽は一般的な哲学の衰頽のひとつの徴候と見られてよいであろう。第二、哲学の衰頽の他のひとつの徴候は哲学と爾余の文化との交渉の稀薄というところに於て認められるであろう。哲学はどこまでも科学的でなければならぬ、然しこのことは哲学がただ科学にのみ結び付き、それをのみ地盤とせねばならぬということを意味しない。哲学は更に芸術その他の諸文化と密接な交渉に立つことが出来、また立つべきであろう。哲学と他の諸文化との関係は云うまでもなく交互的である。哲学は諸文化に影響することによって自己の力と豊富さとを示し、諸文化から影響されることによって自己の豊富さと力とを増す。これに反しそれが他の諸文化から孤立しておればおるほど、或は孤立しなければならないほど、それは無力であるであろう。そして実にかような無力さが現在日本の哲学を特徴付けているかの如く見える。この状態はたしかに、一方から考えれば、我々の哲学があまりに短い伝統しか有しないということにもとづいている。我々が普通に哲学といっているものが日本に移植されたのは明治以後のことである。それと諸文化との間に密接な交渉が行われるに至るまでには相当長い伝統の存在することが必要であろう。こゝに一般的に哲学と諸文化との交互作用に就いて語るとき、それは固より文化主義ということとは直接には無関係である。或る場合には哲学は最も決定的に文化に対して反対することもあろう。然しそのときにはまたそういう仕方で哲学は諸文化と交渉関係していると云わねばならぬ。

第三、今日哲学の衰頽の徴候は就中それと他の諸科学との没交渉というところに現われていると云われ得よう。哲学は科学的であるべきものとして、その時代の諸文化のうち、就中諸科学と特に密接な関係に立つことを要求されている。嘗て西南学派の新カント主義から出た左右田博士の活動華かなりし頃、その影響のもとに経済学徒にして哲学を研究する者が輩出したことがあった。また同じ時代、新カント主義の他の一方向マールブルク学派の影響を受けて、哲学者にして数学や物理学などを研究する者も少くはなかった。然しこのようなことも一時の流行に終った。今日では一般的に云って哲学は科学に対して孤立している。ひとはこゝに哲学の衰頽のひとつの顕著な徴候を見出し得ると信ずるであろう。その当時経済学者にして哲学を追うた人々も、今では哲学を忘れてしまったか、それとも経済学を忘れてしまったかした。そして我々はそういう人々が良い経済学者になり、或は良い哲学者になったと信ずることが出来るであろうか。

二

右に記した三つの徴候は固より決して相互に無関係ではない。それらは凡て現代に於ける一般的な文化危機の種々なる表現に他ならないのである。この危機は哲学に就て云えば先ずその非現実性として総括される。大衆が哲学に対して関心と熱意とを失ったのは、現在の哲学が彼等の自然生的な世界観と交渉するところがなく、従って彼等の反省にとって生命となり得る知識や概念を与えないからである。他の諸文化、それ故にまた科学の場合に於ても同様であって、現在の哲学がそれらに対して指導的、刺戟的、暗示的であるような概念と知識とを含むことのあまりに少い故に、それらは哲学の研究の必要も興味も感じないのであると云われよう。然るに哲学がその時代の生活及び文化に対してこのように積極的に交渉をもとうとしないならば、それはとりもなおさず、哲学的精神の枯渇もしくは死滅であり、従って実に哲学そのものにとっての危機を意味するであろう。哲学的精神なき哲学者もなお「教師」であり、殊に今のような時代に於ては、善良な少くとも無害な教師と見られるかも知れない。然し彼は研究者とは云われず、まして哲学者とは云われ得ないのである。古来勝れたる哲学者は凡てその時代の悩みを最も深く悩んだ人でなかったであろうか。それとも苦しめる者に皮肉と冷笑とを送るのをもって哲学者的超越とでも云うのであろうか。そして古来勝れたる哲学は凡てその時代の諸文化、特に諸科学に対して積極的に通路を開拓することを怠らなかったのである。哲学の危機は普遍的な文化危機の一表現である。それ故に右に記した諸徴候に於て見られる哲学の衰頽は、固より単に哲学の側のみの責任に帰せらるべきでない。それらの諸徴候に現われた普遍的な文化危機は、いま特に哲学的な関係に於て言い表わせば、一般的に理論的意識の喪失として総括されることが出来るであろう。理論的意識の喪失ということは現代の文化危機のひとつの重要な特徴をなしている。

例えば、今日経済学は流行の科学である。それの流行が単なる流行以上の強い現実の根柢を有するということは誰の眼にも明白であって、何人と雖も否定しないであろう。然るに一寸注意して見るならば、今日経済学のかくも盛大なるにも拘らず、理論経済学者の如何に少いかに多少驚かざるを得ないであろう。特にマルクス主義が大学から閉め出されて以来理論経済をやる者は次第になくなって来たように思われる。またしても景気観測だ、或は統制経済、農村対策、満蒙経営等々、どちらを見ても政策論ばかりである。私は講壇学者の政策論なるものにどれほどの価値があるかを知らない。そのような問題に特別関心されるということも現代の社会状勢に於て十分理由のあることに相違なく、またその議論の内容も恐らく結構なものなのであろうと思う。そしてそれは大学の街頭進出として歓迎さるべきことでさえあろう。然し私は同時に恐れる、そうしたことのうちに学者の無理論がカムフラージされたり、理論的意識の喪失が蔽い隠されたり、またその死滅が用意されたりすることがないか、と。経済学が科学である以上、それは何よりも理論である筈であり、従ってもう少しは純粋な理論家がいてもよかりそうに思う。いわゆる実証的研究、政策論などの流行は、一面からすれば、理論的意識の喪失として現われる文化危機の一表現とも見られなくはないのかと危まれるのである。そして理論経済学が理論的であろうとすれば、恐らくなんらかの仕方で哲学と、意識的にせよ無意識的にせよ、交渉して来るであろう。政策学でさえもが、理論の基礎に立つべきである限りに於ては、そうであり、いな、特にそうであるとも云われよう。或はまた例えば、いわゆる大衆なるものの哲学に対する関心と、熱心との衰頽にしてもが、理論的意識の喪失にもとづくと見られる方面がなくはないであろう。哲学は一般に難解だ、と云われる。従って哲学が見限られるのも当然だ、と考えられる。この非難に対して哲学者の責任を負うべき方面のあることは十分に認められねばならぬ。然しながら、哲学と雖も学問である以上、他の諸科学の場合と同様、それが分るためには相当の努力と研究とが必要である筈であり、必要な勉強もしないで徒らに難解よばわりをするのは無意味であろう。これは全く簡単な事柄だ。この簡単な事柄が忘れられるのは、一面から見れば、理論の要求に対する熱意の欠乏を示すものと云われよう。ひとは真実に必要なものであれば困難をおかしても求めざるを得ない。それ故にまた哲学が難解なために見棄てられるというのは、実は決して単に難解なためばかりでなく、却って哲学が必要なものを与えることの出来ぬ非現実的なものとなっているためであると考えられるべきでもあろう。

かくて今日の哲学の衰頽は、普遍的な文化危機の一環であり、一表現である。現にいわゆる純粋文学の滅亡の問題が論じられつつあるではないか。そしてこのように哲学の危機が単独なものでないということは、それが今日の社会的矛盾にまさに相応することを現わすのでなければならぬ。そしてそのことはまた、この社会的矛盾に対して積極的な意識を有し、態度を取るマルクス主義の如きに於て、右に述べたが如き哲学の衰頽の諸徴候に対し、少くとも理念上は、明かに反対され、それとは逆のことが自覚的に力説されていることによっても知られよう。即ちそこでは大衆、しかも漠然とした意味に於けるいわゆる大衆でなく、プロレタリア階級の自然生的な意識が目的意識的に転化され、明確な世界観に高められねばならぬと主張され、且つそこでは哲学と芸術等の諸文化、特に諸科学との最も密接な関係が積極的に承認され、主張されているのである。

三

私は哲学の衰頽の問題に立ち戻ろう。最初私はこの問題を謂ゆる「純粋文学の滅亡」の問題とアナロジカルなものであるかのように提出した。ところで純粋文学の滅亡の問題は文壇論と結び付けて論ぜられるのがつねである。従ってまた哲学の衰頽の問題は文壇論とのアナロジーに於て哲学界、一般的に学界論と結び付けて考えられ得るであろう。そして注意すべきことは、哲学の衰頽のひとつの原因は実にかくいう学界なるものが存在せず、また存在しなかったところにあるとも云われ得ることである。「学界」とはどのようなものであるか。第一、学界とはパブリックである。日本の哲学界にはかようなパブリックというものが十分な意味では存していない。組織の方面から見ても、全国的に統一された哲学会は組織されておらず、従って全国の哲学研究者たちが集まってその研究を発表し、意見を交換する機会というものは与えられていない。自然科学関係ではよく発達している全国的な学会組織が、法科、経済科、文科となると、次第に少くなり、或は全然なくなっているという注目すべき現象は、何によるのであろうか。それは学問が次第にいわゆるイデオロギー的性質を増すのによると見られるかも知れない。いずれにせよ、学問の学問としての発達にとってパブリックはたしかに一の重要な要素であろう。云うまでもなく、学会が即ち学界であるのではない。学会を離れても、学界というものは存在し得るであろう。然しそういうパブリックも日本の哲学並に文化科学の方面では極めて不十分にしか存在していないように思われる。あるのは寧ろ教壇とジャーナリズムとである（従って教師とジャーナリストとである）。パブリックとしての学界は、「教師」によっては形作られることが出来ず、ただ「研究者」によってのみ本当に形作られることが出来るものであり、且つそれはまた良き研究者を作るに甚だ役立つのである。

第二、学界とは伝統である。それは死せる伝統をいうのでなく、生ける伝統を意味する。即ちそこではつねに若干の共通に関心されている中心問題があるということである。そういうことはもちろん、人々が互に先を争うて諸外国の最新版の学説または思想を輸入しているというような状態ではあり得ないであろう。そういうことは新しい精神をもって古典の研究に従事するという気風がもっと盛んにならなければあり得ないであろう。そういうことは学者が自分の問題をどこまでも考えてゆき、自分の思想をどこまでも発展させてゆくということになるのでなければあり得ないであろう。そういうことは真の意味に於ける学派が成立するのでなければあり得ないことであろう。

第三、学界とは批評の自由である。批評の自由はパブリックというものがなければ現実に存在し得ない。そうでなければ、批評は陰口となり、そうでなくとも陰口として受取られる。パブリックとしての学界というものが存在しないために個人的関係が力をもち、或はまた批評を遠慮するように余儀なくされ、無い腹を探られはしないかと気兼をし、その他どれほど多くの仕方で批評の自由というものが妨げられているか分らないであろう。然しまた批評の自由があるためには伝統、言い換えれば共通に関心されているところの中心問題が存在しなければならない。そうでないならば、一般に批評というものが成立しない。なぜならなんらの共通の地盤も存しないところでは批評は単に無駄であるばかりでなく、そもそも不可能であるからである。批評の自由が学問の発達のために如何に必要であるかはここに更めて論ずるまでもないことであろう。

単に哲学にのみ限られず、自然科学に比しイデオロギー的性質をより高い程度に於て有する諸々の文化科学の今日の危機は、教壇とジャーナリズムとのみがあって、右に規定した意味に於ける「学界」の存しないということである。或は寧ろジャーナリズムが学界を併呑し、もしくは、それに代っているということである。従って問題は、或る論者の云っているように、アカデミー（論者のいうアカデミーとは研究所の如きものを指すのでなく、教壇もしくは講壇のことである）とジャーナリズムという二つの範疇によって解明され得るのでなく、却って弁証法的に三つの範疇が必要であろう。アカデミーとジャーナリズムという二つの範疇で問題が提出されることこそ科学の危機を現わすものであろう。問題はアカデミーかジャーナリズムかということではない。我々のいう「学界」、即ちパブリック、伝統、批評の自由という弁証法的な構成を有する学界は、いわばアカデミーとジャーナリズムとの統一であるとも見られよう。そういうものとしての学界はジャーナリズムのように溌剌たる現実性と批評の精神とをもち、然し単なる評論に終ることなく、寧ろアカデミーの如く理論的、従って体系的でなければならない。然し現実に於てかくの如き学界が存在せず、或は寧ろ存在し得ざるところに、今日の文化危機が現われており、そしてその根柢にそれを制約しつつ今日の社会的矛盾が横たわっているのである。私はここで固より将来に来るかような学界の意味を有すべき研究所組織、即ち真のアカデミー組織に就いて考えてみないであろう。然し今日の文化危機を知るために、例えばかの最近作られた或る研究所のことを考えてみよ。そこでは一般に研究されるのではない。なぜなら結論は最初から与えられているのであるから。研究の自由がなければ学問は要するにマンネリズムにほかならない。我々のいうような学界は現在では一の理論的構成物としてしか存しないのである。

四

私はもう一度哲学の衰頽の問題に立ち戻ろう。純粋文学とのアナロジーに於て哲学に於ける純粋なものとは何をいうのであろうか。明治時代には「純正哲学」という語が行われた（この語は、今日学術語としては殆ど全く用いられなくなっている。それはただ大学に於ける科を区別して呼ぶ際に「純哲」という風に略されてなお学生の間に使われている）。この場合純正哲学ということは主として形而上学ないし謂ゆる本体論のことを指したようである。然しその後、かように純正哲学といわるべきものも変って来たと考えられることが出来るであろう。即ちかの新カント主義が隆盛を極めた頃、その主張に従って日本でも形而上学の不可能が唱えられて、哲学は認識論或は広義の論理学であると考える人もあったようである。然るに最近ではまた形而上学ないし存在論（本体論）が再び広く認められるようになったが、この場合そうしたものが最初純正哲学といわれたものとその趣を異にするということはもちろんである。かくの如く何が純粋なものと見做されるかは時代によって異る――これは文学の場合にもアナロジカルに認められ得ることであろう――としても、何か一般に純粋性というようなものが考えられないであろうか。特殊科学殊に自然科学の場合に於ては「純粋」と云えば、それは「応用」に対する。従ってそこでは純粋なものとは理論のことであり、もし応用理論というような言葉の遣い方を認めるならば、純粋なものとは原理もしくは原理的理論のことである。このような規定の仕方に従うならば、哲学は一般に「原理の学」といわれるのであるから、哲学は凡そ純粋なもの一般であり、そこになんら純粋ならぬものがない筈である。

然るに今日かの「純正哲学」という語は学術語としては廃れてしまったに拘らず、なお哲学研究者の気持のうちにはそういう純正哲学的な観念が知らず識らず支配しているということがありはしないかと思う。そしてそのことは現代の哲学の非現実性の一徴候と云われよう。むかし哲学者ベーコンはイドラ（偶像観念）論を書いたが、哲学者自身も案外沢山のイドラをもっているかも知れない。かの純正哲学のイドラに捉えられている人は、或る人が社会とか、歴史とか或はもっと具体的現実的な問題を取扱うと、彼は何か純正哲学者でないかのように考え、もしくは自然的に感ずる。然し社会哲学、法律哲学、芸術哲学、等々、は応用哲学とでも呼ばれねばいけないのであろうか。社会哲学は社会の原理の学であり、芸術哲学は芸術の原理の学であるとするならば、それらは決して単に応用の名をもって称せられるべきでない筈である。それらは寧ろ哲学体系の各部分にほかならない。プラトンの哲学に於ける最も重要な書は『ポリテイア』（国家論）の名を冠せられている。もしもヘーゲルが最初から単なる論理学の専門家であったとしたならば、彼は恐らく弁証法の体系的な観念に到達しなかったであろう。カントに於けるいわゆる先験論理学の場合でもが同様であった。時代の生ける現実の問題の中へ深く沈潜することによってこそ、論理学や認識論などいわゆる純正哲学なるものにとっても新しい思想が孕まれ得るのである。然るに、例えば几帳面なカントが時を忘れてルソオを感激しながら読み耽ったということを立派な逸話として話す同じ人が、今日、学生が例えばマルクスを耽読するからと云って冷笑し、或は非難するとしたら、如何であろう。哲学者も所詮階級人である。哲学に於ける純粋性の問題は哲学的精神の問題であると云われよう。それは「主体性」の問題である。そういう意味に於てそれは文学に於ける純粋性の問題と似ている。なぜなら文学に於ける純粋性も作家の主体性の問題にかかわるから（もちろん我々のいう主体は純粋な自我というようなものでなく、そのうちに社会的規定を含んでいる。その限りそれは寧ろ純粋ならぬものである）。それ故にこれらの場合純粋性ということが特に客観的であることを主眼とする特殊科学の場合――そこでは純粋とは単に応用に対する理論の意味であった――とは違った意味をもち、この意味に於て重要性をもっているのである。こういう主体性は、「創作性」と言い換えられることも出来る。それでまた本当の哲学はなんらか創作性をもっていると云われよう。これはまた同時に哲学論文の代りに多くの哲学的「作文」が生産される所以でもある。創作性ということは単なる主観性、或は空想性などということと間違えられてはいけない。寧ろ生まの現実に働きかける力の強さに従って創作性、従って純粋性の量は計られるのである。ひとはまた自己のうちに閉じ籠ることによって純粋に創作的となり得るのでもない。「最大の天才ですらも、もしも彼が凡てを彼の内部に負おうと欲したならばそれほどにならなかったであろう。」とゲーテも云った。ゲーテの如きも「収穫の天才」であったのである。創作に於ては材料は隈なく占有されなければならない。そして哲学に於ける純粋性は、どのように小さい事柄、どのように掛離れた題目を取扱っても、そこにつねに全体の体系的意欲がはたらいているのが見出されなければならない。どのような部分に於ても全体が現われているということは、文学の場合に於てと同じく、哲学の創作性を示すものでなければならぬ。

文学とのアナロジーに於て、固よりどこまでも或る程度に於てのことではあるが、哲学の純粋性ということが考えられるとするならば、同じアナロジーに於てこれと反対のものも考えられるであろう。純粋文学に対して考えられるのは大衆文学である。それ故にもし純粋哲学に対立するものがあるとするならば、それは論理学や認識論に対する社会哲学や芸術哲学などのことではなくて、まさに大衆哲学のことでなければならない。大衆哲学というのは俗流哲学のことである。そういう俗流哲学というのは、私が他の場合にミュトス及びロゴスに対して規定した意味に於けるドクサ的、従ってドグマ的哲学のことである。今日いわゆる大衆文学がファッシズム的イデオロギーの上に立って現われているように、かかる大衆哲学もまたファッシズム的内容をもって現われている。日本精神主義の諸博士の哲学がそれである。大衆文学の流行が必ずしも文学の隆盛を意味しないのと同じく、この種の哲学の流行は哲学の盛大を語るものでなく、恐らくその正反対の徴候と見られなければならないであろう。

さて哲学の再建が如何なる方向に於て、如何なる基礎の上に可能であるかは、右の論述からしておのずから明かであろう。なお残された問題はいわゆる純正哲学、しかもそれが形而上学ないし、存在論という意味に解された場合の問題である。周知の如く、エンゲルスは、従来の哲学のうち存続するのは形式論理学と弁証法のみであると云った。もしそうだとすれば、従来の哲学に於て多くの場合最も哲学的なものの如く見做された形而上学は遂に滅亡すべきものでなければならない。そこにはいわゆる純粋文学の滅亡の問題とは全く違った意味での、いわゆる「純正哲学の滅亡」の問題が提出されていると考えられよう。それともカントにも拘らず、新カント主義にも拘らず、繰返して現われて来た形而上学は、今後もまた何か新しい意味を含み、新しい形態をとって現われて来るであろうか。これは極めて重要な、そしてここに簡単に片付けてしまうことの出来ない問題であるように思われる。我々の間でもポピュラーな名であるルナンは、彼の二十五歳のとき、『科学の将来』という書物を書いた。それは丁度一八四八年のことであり、この書物のサブタイトルは「一八四八年の思想」と記されている。近代史に於ける最も記念すべきこの年に一青年学者によって書かれたこの有名な書物の運命に就いて考えることは興味がなくはない。然し我々は今日ルナンの青年らしき野心に倣って「哲学の将来」に就いて何か書くべきであろうか。

（一九三二年一二月）

ディレッタンティズムに就いて

ディレッタンティズムの問題は、今日新たに考え直されてよい多くのものを含んでいるように思う。いったいディレッタンティズムの地盤は何であろうか。私はその主なるものが社交乃至交際社会であると考える。このような交際社会の成立はさほど古いことではない。我々はそれをイタリヤでは十五世紀、フランスそして次いでイギリスでは十六もしくは十七世紀、ドイツでは十八世紀の以前に溯り得ないであろう。交際社会において喜ばれるのは磨きのかかった談話であり、談話は特殊なアートにまで発達させられた。そこでは談話は教養ある談話であり、また談話が教養の重要な源泉でもあった。文芸上の、学問上の、政治上のディレッタンティズムはかような社交と結び付いて生れた。そして今日においても、ひとはディレッタントの多くが社交家であり、社交的であるのを見るであろう。社交的ということはディレッタンティズムの基礎であり、それの要素である。然るに社交的と社会的とは同じでない。そこにディレッタンティズムのひとつの問題がある。

ディレッタントは普通に専門家に対置せしめられている。そういう意味では十八世紀のフランスのアンシクロペディストはディレッタントであったであろう。然しながらディレッタンティズムの本質は専門的であるか否かということにのみ関係するのではない。かのアンシクロペディストは、彼等がなお当時の交際社会の風習をもっていた限り、ディレッタントであったが、彼等が唯物論者として進歩的イデオロギーを代表して闘った限り、もはや単なるディレッタントではなかった。ひとはかの有名なアンシクロペディが何等か今日の大英百科辞書やブロックハウスの百科辞典に類するものであったと想像してはならない。そこでは公平な、無理のない定義や学説が求められたのではない。博識ではなく、批判がそれの内容であった、それは過去の精神、信仰、制度に対して据えつけられた抵抗し難い大機械であった。理性の進歩によって人類社会を改善せんとする熱烈な意図のもとに、一般人の関心する事柄についての伝統的な知識を破壊することがそれの目的であったのである。これまで真理として通用して来たものは悉く訂正され、新たに作り直される。百科辞書はこの場合ポレミックの堆積であり、また様々な題目についての随筆集でもあったのである。ヴォルテールはアンシクロペディを「大商店」と名付け、その執筆者たちを「番頭さん」と呼んだ。このヴォルテールがまたひとりで同じような調子の哲学辞書を書いているのは有名である。百科辞書家の大部分は、その頭目ディドゥロを初めとして、当時の急進的乃至進歩的思想家であった。議会において彼等を告発した人は、彼等は「唯物論を支持し、宗教を破壊し、独立を勧説し、且つ風俗の堕落を養成するための結社」であると述べた。かのアンシクロペディは当時の急進的乃至進歩的イデオロギーの一大集成であったのである。今日歴史家はそれが一七八九年と如何なる関係にあり、一般に如何なる文化史的意義を担っていたかを誰も知っている。

専門という見地からディレッタンティズムを考える普通の見方は、アカデミズムの影響によるものであり、そのようなアカデミズム的見地が却って批判さるべきものであろう。専門を誇りとするアカデミーが、今日では寧ろ、真実の理論的意識を失い、創造的意力を失い、社会的意義を失って、教養ある談話の行われる交際社会となり、かくてディレッタンティズムに陥っているということがないであろうか。専門的の名のもとに過去の顕微鏡的事実についての博識を楽しんでいるのは、ニーチェが嘲笑したようなアレキサンドリア主義である。そしてかかるアレキサンドリア主義はディレッタンティズムとは遠く離れていないのである。

専門ということは現在において職業上の分業という意味を多分に含んでいる。従って自分の専門外に口を出さないということは、他人の職業の安全を妨害しないということである。他人の活動が自分の専門の領分の中へ割り込んで来るとき、特にアカデミーにおいて見られるように、それをディレッタント的だと云って排斥することには、純粋に学問上の関心でなく、自分の職業的地位の安全を防禦しようという現実的な動機が知らず識らずははたらいているということがなくはなかろうか。学問上の見地からすれば、ひとはしばしば、自分の専門の仕事の意味をその外に立つことによってよりよく反省せんがために、或は自分の把持する原理の包括力もしくは迫撃力を種々なる分野において試さんがために、或は自分の専門の領域に関する理論を他の領域の研究からして暗示されんがために、自分の専門以外に出て行くことを余儀なくされるであろう。それだからといって、彼はディレッタントであろうか。レーニンはロシヤ革命の鏡としてのトルストイという論文を書いた。彼はまた唯物論と経験批判論という書物も書いた。レーニンはもちろん文芸について、哲学に関しても専門家とは云われないであろう。それだからといって、彼のこれらの仕事はディレッタント的であったであろうか。このようにして専門如何の見地からディレッタンティズムの本質問題に近づいてゆくことができないのは明かである。教養あるディレッタントは、例えば文芸について、専門の文芸家、創作家乃至は批評家さえよりも豊富な専門的知識をもっているということも少くはないであろう。

等しく専門家的でないにしてもディレッタントとジャーナリストとは性質を異にしている。少くともディレッタントであるようなジャーナリストはその名に値するジャーナリストではない。ジャーナリストの関心するのは今日の問題である。然るに現在が現在として関心されるのは未来が関心されているからでなければならぬ。ディレッタントが関心するのは寧ろ過去である。彼はもとよりその多面性の故に現在についても或る興味をもつであろうが、然し彼にとっては現在もひとつの過去に過ぎない。なぜなら現在を真に現在として顕わにするものは未来の見地であり、従ってそれ自身のうちに必然的に未来への動向を含む実践乃至創作の立場であって、これとは反対のディレッタンティズムの立場ではない。ディレッタントは何よりも趣味の人である。然るに趣味は好んで過去のもの、完成されたものの上で働き、従ってディレッタントはおのずから、ジャーナリストがその中で生きる生成しつつある現在の渾沌たる喧騒から過去のうちへ逃避する。ディレッタントがモダンであるというのは一の錯覚である。かくてまたディレッタンティズムは主として過去の批評に終始するアカデミズムと想像されるよりも遥かに容易に結び付く。アカデミーがその主要意義であるべき理論的意識、原則意識を失うとき、ディレッタンティズムに陥る危険は決して遠くない。ジャーナリストは実践家乃至創作家でないにしても、ディレッタントのように趣味の、感情の、一般にいわゆる体験の立場に留まることを許されていない。

古代においてプラトン及びアリストテレスは驚異が哲学の母であると云った。近世においてデカルトは懐疑をもって哲学の方法と考えた。驚異が客体に対する関係は、懐疑が主体に対する関係と同じであろう。我々の意見によれば、人間は単なる客体でもなく、単なる主体でもなく、却ってその中間者である。かような中間者としての根本的規定の故に、人間にとって客体に向っては驚異の心、主体に向っては懐疑の心がある。然るにディレッタントにあっては、懐疑の心も驚異の心も真実の意味では失われている。文学においても彼が喜ぶのは美、趣味、感情であって、真実、認識、自然ではない。なるほどディレッタントは懐疑的である。併し彼の懐疑はいわゆる歴史的相対主義、換言すれば、広く過去を見渡すとき如何なる絶対的なものもないという感情に結び附いたものである。或は逆に、歴史的相対主義なるものはディレッタンティズムの産物である。そういう懐疑はいわば客体に向けられた懐疑であって、真実の懐疑が主体に向うのと反対である。

懐疑の方法によって主体的な生が探求されるときは、そこに顕わになってゆくのは生の断片性であろう。断片性がかかる生の内的規定であると思われる。それ故にかかる生を真実に探求したかのモラリストたちの作物は断片的性格をとらねばならなかった。併しそれだからといって、彼等はディレッタントであったであろうか。断片性ということでさえディレッタンティズムの本質を現わすものでない。かのフランスのモラリストたちの或る者は、彼等が断片的であったためというよりも寧ろ彼等が当時の交際社会の趣味をそのまま受取った限りにおいて、ディレッタントであったのである。断片性について云えば、主体的ならぬ客体的な生及び世界を断片的に取扱うものがディレッタンティズムである。そしてありふれた随筆はかようなものであるという意味において、随筆はディレッタンティズムの産物である。またいわゆる実話文学は現代のディレッタンティズムと関係があるであろう。いったい実話に対する興味というものは交際社会において最も活潑なものであり、そして実話文学のうまさということの中には、交際社会における話術のうまさの趣きが多分に感じられないであろうか。もちろん小説には物語的要素、或は寧ろ私のいう客体的現実性が含まれなければならぬ。併しながらその方面から云っても、実話文学はあらゆる事件を、特に現在の事件をも「ストーリー」として、従って「ヒストリー」として（ストーリーとヒストリーとは語原的に同じである）、それ故単に過去のこととして取扱う。このことは我々がさきに規定したディレッタンティズムの性質に丁度相応するであろう。

かくてディレッタンティズムは有閑的な社交乃至交際社会を地盤とするという点においてそれの階級性が指摘されねばならぬ。それの時間性が単なる過去であるということにおいて、それは哲学的に批判されねばならぬ。それの立場が要するに体験の立場であるという他の重要な点は取り上げないにしても。

（一九三二年一二月）

大学とアカデミズム

大学がアカデミックであるのは当然であろう。アカデミックであることをやめて大学は何になるのであろうか。アカデミズムに対する種々の非難が存在するにも拘らず、我が国の大学の欠点は寧ろ十分にアカデミックでないところにあるといい得るであろう。アカデミズムを非難する前に、ひとは先ずこの国の大学が果してそれほどアカデミックであるかどうかを考えねばならぬ。

アカデミズムの特色は例えば伝統の尊重である。ところが日本においては西洋の学問の移植以来未だ確固たる学問の伝統が存在せず、従って真のアカデミズムは確立されていない。アカデミズムは学問の伝統の存在を予想している。今日の我が国の大学の不幸は、漸く学問の伝統を作り始めようとした時アカデミズムそのものが問題になるような社会的情勢におかれたということである。かかる一般的な歴史的社会的状況を別にしても、学問の伝統の成立に必要な学派というものが我が国には存在しない。個々の大学は学閥を形成しているけれども、学派を代表しているのではない。かような状態において真のアカデミズムが発達し得るであろうか。一般に学問の伝統に乏しく、特に学派の伝統の存しない現代日本においては、伝統の厳しさというものが十分に理解されていない。伝統の厳しさがなくしてアカデミズムがあるのであろうか。

一層形式的な方面から見ても、我が国の大学においてはアカデミズムの欲するような古典の継承ということが十分に行われていない。古典を継ぎ、古典によって養われるということがアカデミズムの重要な意義である。しかるに我々の間では古典を研究するよりも最新流行の学説に一層多く関心するという傾向が甚だ強い。ジャーナリズムを軽蔑する学者が学問の世界においては自らジャーナリストであるということ、即ち日々の新刊書や新刊雑誌に憂身をやつしているということが稀でないであろう。かような状態が生じているのも、古典を理解し評価する地盤となるべき学問の伝統、特に学派の伝統が存在しない故である。

アカデミズムは現実の社会に対する関心に乏しいと云って非難される。しかし短所は同時に長所となり得るものである。現実に対する関心が現在のジャーナリズムに見られる如くトリヴィアリズムに堕す危険を有するとき、アカデミズムが一層高い立場から純粋な理論的問題に関心するということは意義のあることであろう。しかるに今日の我が国の大学の学問の欠点は余りに抽象的理論的であるということにあるのでなく、反対に余りに抽象的理論的でないということにある。日本ほど純粋な理論家に乏しい国はないであろう。大学は理論の意味を理解せしめ、理論的意識を養成すべきであるに拘らず、この大学においても理論家は甚だ少いのである。

理論を抽象的として軽蔑するのは日本人の悪い癖である。実際的であるということは日本的性格の著しいものとされているが、理論が理論として有する意味の重要性が理解されないところでは真のアカデミズムは発達し得ないであろう。我が国の大学において非難さるべきものは実際的関心に乏しいアカデミズムであるよりも寧ろ学問に対する余りに功利的な考え方である。

今日の大学はもはや理論を与えるものでなく、ただ技術を授けるものであり、そのことが大学の唯一の意義であると云われている。技術の完成はアカデミズムの特色であり、技術を除いてアカデミズムは考えられないであろう。ひとは大学において技術を習得しなければならぬ。しかし技術には実際的技術のみでなく、理論的技術もある。そして大学と専門学校とが区別さるべきであるならば、大学は単に実際的技術に留まらず、寧ろ理論的技術を与えなければならぬ。今日の大学に欠けているのはこの後の点である。すべての技術は伝統の広さの存するところにおいて最もよく学ばれることができる。しかるにかような伝統特に理論の伝統に乏しい日本の大学においては、技術的完全という意味においてもなお十分にアカデミックであるとは云い難いであろう。あらゆる技術には形式的なところがある。形式の厳しさを除いて技術はない。そこからまたアカデミズムの悪い結果として形形式主義も生じてくる。しかし技術は本来単に形式的なものであるのではない。技術が単なるる形式主義に堕するということは技術がその本来の機能を失ったことを意味している。かようにして日本の大学においてはアカデミズムが十分に発達しておらず、アカデミズムを確立することが寧ろその任務であると云うことができる。もちろんそこにはアカデミックなところも存在するが、それは多くの場合瑣末なことに関している。瑣末主義はアカデミズムの陥り易い弊害である。殊に最近次第に著しくなりつつある畸形的な専門化の傾向が指摘されねばならぬ。専門化すること自体が悪いのではない。しかし専門化は一般的な見通しと綜合的な知識とを根柢として、その上における分化として初めて真の意義を発揮し得るのである。理論と思想との貧困に基く畸形的な専門化が現在の大学の学問の次第に著しくなりつつある傾向である。しかるに大学とはその名（ユニヴァーシティ）の如く普遍的教養を意味する。知識の綜合性を失うということは大学の本質を失うということに等しく、そこに我が国の大学の大きな欠陥がある。

専門の意味を知らない専門化は悪しきアカデミズムである。しかも今日見られる専門化は理論と思想とを回避するために行われている場合が尠くない。それは客観的には政治的圧力に基き、主体的にはインテリゲンチャの無確信に基いている。アカデミズムは現実を回避するのみでなく、理論をも回避しようとしているのである。

社会の発展の方向が明瞭であり従って一定の世界観をいわば自明のものとして前提し得

る時代においては、専門家は自己の存在の意義について反省することを要しないであろう。またそのような時代においては、大学の存在はいわば自然的に社会と有機的な関係を有し、学問の大衆性についても思い煩うことを要しないであろう。更にそのような時代においては如何なる見地から古典を摂取し継承すべきであるかもおのずから定められている。即ち一言で云えば、社会の均衡期、文化の開花期においてはアカデミズムはその十分な意義を発揮し得るのである。

しかるに現代の如く社会のうちに矛盾が現われ、世界観の分裂が生ずるとき、アカデミズムの意義が問題になってくる。アカデミズムの拠って立っている伝統に動揺が生ずるのである。このときアカデミズムは次第に全く形式的なものとなってくる。大学はもはや世界観の問題に対して無関心であることができなくなる。

批判的精神は当然起らざるを得ず、大きくならざるを得ない。しかるにアカデミズムそのものはかような批判的精神に乏しく、却って批判的精神を抑圧することになり易い。なぜならアカデミズムは伝統的であり、権威主義の傾向を含むからである。

かくして重ねて云えば、現在我が国の大学の不幸は、未だアカデミズムの伝統が確立されていない時に当って既にアカデミズムそのものが問題にされるようになっているということにある。アカデミズム以上に出ることを欲することなくしては今日真のアカデミズムも不可能になっている。

（一九三七年四月）

大学の固定化

今日の大学について感ぜられるのは大学の固定化ということである。この固定化は種々の意味を持っているであろう。

固定化は先ず教授団において現われている。即ち現在の大学においては、官立たると私立たるとを問わず、教授を子飼いにするということが風習となっている。自分の学校の出身者から、しかも卒業と殆ど同時に将来の地位を予約して教授を採るということが一般的になってきた結果、大学は固定化した。そこではあらゆる意味で「異分子」は排斥される。かくて大学の学問には清新なところがなくなって来る。教授を子飼いにするということは学派を作ることにでなくて学閥を作ることに作用している。今日見られるのは学派的発展でなくて学閥的閉塞である。子飼い制度には我が国の美風とせられる家族主義に似た善いところがないでもないが、しかし家族にしても血族結婚を続けていては衰亡してゆくのほかない。学閥と学派との間には血族結婚とそうでないものとの間におけるような差異がある。

或るアメリカ人の批評に依ると、軍需工業その他の新興産業が日本においては従来から存在する大財閥によって経営せられることが少く、新たに現われた産業家の手に多く帰しているのは、かの大財閥にあってはいわゆる番頭政治が行われている為めである。封建的な子飼い制度の弊害はここにも見られるであろう。学問上においても真の企業家の精神、即ち発明的なところ、冒険的なところ、進取的なところが必要である。

大学の固定化は最近においては特にいわゆる教学主義によって促進されつつある。教学主義は勿論何等新しいものでなく、また日本特有のものでもない。西洋においても封建時代の学問がすでにそうであった。近代の哲学や科学はこれに反抗して起ったのであって、権威主義に対する批判的精神をその本質としたのである。教学主義の前進、批判的精神の後退が大学の固定化となって現われている。

しかも大学にとっての不幸は、その教学が根本においては大学以外から大学に対して強制されるものであるということである。学問は云うまでもなく単に批判に止まり得ない。体系を作ること、学派を建てることは、或る意味においてドグマチックになることである。ドグマチックになることは学問の発展にとっても要求されている。私はただ批判のみを強調することに賛成しない。絶えず批判を口にする者が、他を攻撃することにのみ急であって自己の立場については無批判であったり、徒らに破壊的であることを好んで建設的なところがなかったり、自己の言論の実践的帰結に対して無責任であったりするということとは、屢々見られることである。学問にはクリチックと共にドグマチックなところが必要である。しかし一人の体系家、一つの学派がドグマを作るということは自己自身によって行われることである。これに反していわゆる教学はその本質において大学に対して外部から強制されるものである。それは大学の政治化を意味している。強権政治による大学の政治化が大学をして他律的に固定化への道を辿らせる。

かくの如き大学の政治化は大学自身によってすでに準備されていた。即ち官立は固より私立に至るまで近年漸次著しくなりつつあった官僚主義的傾向はこの政治化への準備の意味を有したのである。かかる官僚主義的傾向から大学の固定化が生じつつあったことは云うまでもない。

ドグマチックであることが必要であるように固定化も或る意味においては必要である。ドグマチックになることは固定化することの一つである。しかるに今日の大学にとっての不幸は、その固定化が自己自身の原理によってでなく他から強制されて生じつつあるということである。かくしてアカデミズムは失われる。アカデミズムは一種の固定化であるが、しかしその固定化が自律的に行われるというのが真のアカデミズムである。今や大学はアカデミズムを失って政治の支配に委ねられようとしている。アカデミズムを失うことによって大学は次第に自信を失いつつある。

私はもとより大学が純粋に自律的であり得るとは考えない。あらゆる個体と同じように、大学もまた環境から影響される。社会的環境を離れて大学の存在は考えられ得ない。しかし同時に自己の自律性を失うことなく、環境を自己の自律的行動によって支配するということが、すべての生命あるものの発展にとっては必要である。

今日の大学に向って希望したいことは真のアカデミズムの擁護である。私はアカデミズムを決して軽蔑するものでない。私が悲しむのは寧ろ大学からアカデミズムの失われつつあることであり、しかも大学の固定化の進行にも拘らずアカデミズムが失われつつあることに今日の大学の矛盾が感ぜられるのである。

（一九三七年九月）

大学改革への道

大学の改革が新たに問題になっている。今日の大学に改革の必要なことは誰も認めていることであるが、それが今度文部省の改革試案と称するものによって現実の問題になってきたのである。私の遺憾に思うのは、大学の改革が大学自身によって著手されなかったことである。大学の自治を主張する者は大学の自主的改革を夙に断行しなければならなかった筈である。自主的改革を行い得るものにして初めて自治の資格を有するのであるから。とりわけ近年社会のあらゆる方面において革新が唱えられている。この時代の風潮から云っても、大学は逸速く先ずみずから改革を実行し、それを通じていわゆる革新の原理乃至方向が如何なるものであるべきかを一般に示さねばならなかった筈である。そのことが文化社会において占める大学の地位に従って望ましいことであったと云えるであろう。尤も東京帝大では大学制度検討の委員会を設けて調査を行っていたようであるが、その成案を得るに先立って今度の問題が生ずるに至ったのは多少気の毒である。しかしこれも時代のテンポと大学の歩みとの差を現わすものと見ることもできるであろう。

今度の問題の根本にあるものは、これを深く認識するならば、単に大学にのみ関係したことでなく、広く社会の文化のすべてに関係したことである。ところが大学教授たちは社会の他の方面、文化の他の部門における出来事については無関心であるかのように看過し、今自分の足元に火がついた時に漸く起ち上ることになった。そこに時代に対する大学の消極的な態度が認められる。大学はその研究の自由を主張している。社会においては文化の自由がすでに久しく問題になっている。社会における文化の自由が狭められている場合、これを傍観しながらただ大学においてのみ研究の自由を要求するかのような態度は、大学を社会の特等席と考える意識があるからではないかと疑わせるものがある。大学は先ずその残存している封建的な特権意識を清算しなければならぬ。そして社会における一般文化の問題と大学における学問の問題とが決して無関係でないという自覚の上に立つことが大切である。

世間の一部の人からは大学は自由主義の府であるかのように云われているが、私の見るところでは必ずしもそうではない。むしろ大学の改革にとって差当り必要なことは、その一切の封建的なものの打破である。その教授団のギルド的性質、その学者養成における親分乾分的関係、各大学間における教授任用の封鎖性、派閥的諸関係、その他これに類する一切のものの改革が要求されている。この種の改革が行われない限り、研究の自由と云ってもほんとのものであり得ないであろう。大学の自治を主張する者は大学教授の他の官吏とは異る特殊性を云うのがつねであるが、その教授たちには果して官僚主義がないであろうか。世間のいわゆる官僚独善はむしろ大学教授において甚だしいとは考えられないであろうか。

大学における研究の自由を論ずる場合に忘れられ易いのは、アカデミズムがその自然的傾向として有する伝統主義である。文化の歴史においてアカデミズムという語は伝統主義の別名の如く用いられている。大学の学問も、少くとも文化科学の方面においては、伝統的な概念と伝統的な方法とによって伝統的な問題を論ずるということが多いのである。私はもちろんアカデミズムの有する種々の美点を否定するものではない。しかしその伝統主義が研究の自由といわれるものに大きな制限を与えていることは争われない。従来の学問及び芸術の歴史を見れば分るように、研究の自由を欲する者は屢々アカデミズムに反旗を翻したのである。現在に於ても大学の伝統主義が研究の自由を妨げている例は尠くないのである。大学にどれほどまで自由精神が生きているか問題である。むしろアカデミズムに対する闘争のうちに自由精神があるかのようである。かようにして今日の革新時代において問題になるのは、大学における研究の自由であるよりもそのアカデミックな伝統主義であると云うこともできるであろう。

尤も我が国の大学はその歴史が比較的新しく、その伝統主義も比較的強くはない。それは或る場合には「進歩的」でありさえした。しかし時代の波が荒くなって来るに従って、アカデミックな伝統主義は大学にとって避難の場所となる傾向を示している。それ故にもし大学が真に研究の自由を要求するならば、大学はいわゆるアカデミズムの静かな美しさのうちに遁れることなく、進んで今日の時代の荒々しい動きが課している問題に身をもってぶっつかる勇気をもたなければならぬ。研究の自由ということが現実の問題の研究を回避する自由であってはならない。大学の学問の非現実性は近年しばしば非難されて来たのである。自由探究の精神の生命は現在の歴史的瞬間に与えられている問題と真剣に取組むところにある。そしてかくの如く日本の現実の課している問題を熱心に研究することが国策に沿う所以である限り、研究の自由は国策の立場と矛盾しないであろう。研究の自由を要求する大学はアカデミズムの弊風とされているものを脱ぎ棄てて真の自由探究の精神に還り、その研究と学問とのために時代的な意義を獲得しなければならぬ。かくして初めてアカデミズムの長所とされる技術も活きることができるのである。

現実的な研究にとって問題は現在の歴史によって必然的に与えられたものである。それは実践によって必然的に課せられたものである。それ故に研究の自由と云っても、問題は自由であるのでなく寧ろ歴史的に実践的に必然的なものである。過去の伝統的な問題の研究も、現在の問題との生命的なつながりにおいて捉えられねばならぬ。しかしながら問題はこのように必然的なものであるにしても、これが研究そのものは自由でなければならぬ。さもなければ研究は客観的真理に到達し難いからである。問題は国策に沿うたものでなければならないが、これが研究は自由であることによって科学性を獲得し得るのである。真理は実践にとって大切であり、科学的な理論なしには国策の確立も、発展も、実現も期し難いであろう。国家は真理の研究の機関として大学を必要とする以上、その研究に対して自由を認めなければならぬ。研究の自由というものを自由主義と混同してはならない。研究の自由は研究そのものの内面的な制約であり、科学的認識そのものに本質的な前提であるのである。

しかしながらこの際特に注意すべきことは、研究の自由は研究の共同を俟って初めてその意義を十分に発揮し得るということである。単なる研究の自由では研究の無政府状態、従ってまた理論の無政府状態に陥る危険がなくはない。各人の自由な研究は研究の共同においで弁証法的に綜合されて真に具体的な認識に達することができる。大学は研究の共同のための機関であり、それが綜合大学の組織を有するのも研究の共同を目的とするからでなければならぬ。単に研究の自由のためならば大学というが如き研究機関を要しないのであって、大学制度の意義はむしろ特に研究の共同に存しなければならぬ。しかるに我が国の現状において極めて遺憾なことは、この研究の共同において最も欠くるところが多いということである。大学の各学部の間の共同はもとより、一学部の内部においても共同が不完全である。そして何よりも派閥の存在、教授間の反目等がこの研究の共同にとって妨害となっているのであって、その打破が今日の大学の改革における急務である。ただ研究の自由のみを云って研究の共同を顧みないならば、研究の自由は悪しき意味における個人主義や自由主義の弊に陥ることになるであろう。研究の自由を要求する大学は研究の共同について深く反省するところがなければならぬ。研究の自由と研究の共同とが結び付いた研究共同体としての大学において真の自治が可能である。研究の共同が存しない場合、大学の自治は却って派閥を作る原因ともなり得るであろう。実際、従来いわゆる大学の自治が派閥のために利用せられたことは尠くないようである。大学の自治は単に研究の自由のためのものでなく、また特に研究の共同のためのものでなければならぬ。

かようにして私は、一方において、国家が大学に寄託している真理の研究という大学の使命から云って大学の自治が法律的形式的には如何なる形をとるにせよ実質的には必要であると考えると共に、他方において、大学もこの際改革すべきものは速かに改革を断行する必要があると思う。現在の大学における自治が種々の弊害を有することは明かであるが、その自治が形式的にはともかく実質的にも否定される場合、更に新しい弊害を生ずる危険が多いのである。今日の状況においてその場合特に恐れられることは、大学の内部が徒らに政治化されるという危険である。大学の政治化は新しい派閥の発生の原因となり、そのために研究の共同が乱されることになるであろう。社会のあらゆる方面において共同の最も必要な今日、大学はその社会的地位に鑑みて先ず共同の実を示すべきである。

（一九三八年九月）

理論と国策――大学自治制度について――

一

文部省が改革試案として提起した帝大総長官選に全国の帝大は一致して反対しているとのことである。尤も東大の長与総長談として新聞に発表されたものに依ると、従来慣行されているいわゆる選挙は本来の意味における選挙でなく、大学がその総長を文部大臣に対して推薦もしくは推挙する形式に過ぎないとのことである。もし問題をこのように解釈することができるとすれば、文部省と大学との間に原則的な対立はなく、問題は単に技術的なものと考えることができるであろう。そしてそれが単に技術的な問題であるならば、両者の懇談によって何等かの妥協点を見出すことも容易である。しかしながら果してそれが技術的な問題に過ぎないかどうかは疑問である。

なぜなら問題は大学の自治に関している。大学の自治は単に技術的な意味に止まることができぬ。それは原則的な問題である。大学の自治の原則が認められる限り、従来行われている総長選挙は十分な意味における選挙である筈であり、立候補があるかないかというが如きことはこの選挙における技術的な問題に過ぎないであろう。官選論はこの大学の自治の原則に反対するものである。大学の自治は何故に要求されるのであろうか。この自治がないならば研究の自由がないと考えられるからである。官選論はこの研究の自由の思想に反対するものでなければならぬ。かようにして大学がその自治の原則を固執する限り、大学と文部省との対立は単に技術的な問題に関わるのでなく、却って思想的な対立である。これを単に技術的な問題として解決しようとすることは一時を糊塗するに過ぎず、本質的な問題は今後に残されて様々な紛争の種となるであろう。

そして大学対文部省の問題をこのように見るならば、それは今日文化のあらゆる方面において論ぜられている一つの原則的な、思想的な問題とつまり同じ性質のものであることが明かであろう。今日文化のあらゆる方面において国策に沿うということが唱えられている。その主張者たちに依ると、研究の自由とか学問の自由とかというが如き物は存在しない。研究はすべて国策に沿わねばならず、すべての学問に対して国策の見地から厳重な統制が行われねばならぬと考えられるのである。大学の内部にあっても、東大経済学部のいわゆる革新派はそのように大学における研究が国策に沿うべきことを主張してきたのである。従って我々に甚だ不可解に感ぜられることは、そのいわゆる革新派の教授たちが今度荒木文相の行おうとする大学総長官選に反対しているということである。もしその人々が自己の思想に対して良心的に忠実であるならば、今日当然、官選論支持の態度に出なければならぬものと思われる。なぜならその人々は研究の自由の思想に反対している筈であり、しかるにもし研究の自由が必要でないならば大学の自治も必要でない筈であるからである。いわゆる国策論者は研究の自由の思想の上に立つ従来の人文主義的大学を国策的大学に変えようとするものであると云い得るであろう。そこには大学の理念に関する見解の相違がある。

実際、現在の大学の問題はその本質において大学の理念そのものの問題である。そしてこの問題はひとり日本における問題であるのではない。大学の改革についてもナチスはすでにこれを行っており、今や日本はその後を追おうとしているように見える。この改革の理念はいわば国策的大学の理念であり、或いはアドルフ・ラインの語を借れば政治的大学の理念である。ライン（『政治的大学の理念』一九三三年）に依ると、歴史の各々の時代にそれぞれ一定の大学のタイプが存在する。中世の大学は神学的大学であり、近世の大学は哲学的・人文主義的大学であったのであるが、現代における大学の理念は政治的大学でなければならぬ。中世の大学にとってその力の源泉は信仰であり、その学問は神の認識に仕うべきものとして本質的に教会に関係付けられていた。近世の大学にとってその力の源泉は理性であり、その学問は一切の学問の総体としての哲学の統一のもとに立ち、理想的な人類の概念に関係付けられていた。しかるに今日要求される大学にあってはその力の地盤は政治的形成意志であり、その学問は国家の現実性に、抽象的な国家概念でなくてドイツの権力に関係付けらるべきものである。そして中世における信仰の大学が異端と戦い、近世における文化の大学が野蛮もしくは無教養と戦ったのに対して、現代における権力の大学はニヒリズムと戦わねばならぬ、とラインは云っている。人文主義的大学において主張された学問の自由は自由主義思想の産物として斥けられる。学問の自律ということは「思惟の虚栄」に過ぎず、その結果は学問を統一と聯関のない無政府状態に陥らしめた。それは国民と大学とを完全に乖離させ、かくして大学は青年に対する指導性を失うに至ったとラインは論じている。尤も、今日のドイツにおいてもなお、このようなラインの政治的大学の説或いはまたエルンスト・クリーク（『国民政治的教育』一九三二年）のいわゆる国民的大学の説に反対して、大学における教授の自由と自治とを擁護しようとする学者もある。即ちアルノルト・ケエトゲン（『ドイツ大学の権利』一九三三年）の如きは、大学は「国家の管轄権の外部にある一定の特殊な任務」を有する自治体であると論じている。「国家と大学との間には大学自治体を市町村自治体から根本的に区別するところの特殊な距離が存在する」。そして彼は「教授の自由と自治とによって代表される大学の権利はその根がドイツ民族の文化的存在の最も深い層に達している」、と述べている。

二

政治的大学の理念に見られるような大学と政治との関係は種々の方面から検討されねばならぬ多くの問題を含んでいる。ここではそれを理論と国策という問題に限定して考えよう。蓋し大学は単に政策を研究する機関ではない。大学の主要な、また固有な任務はむしろ理論の必要にある。しかるに理論と政策との間には事柄そのものの本性に従ってつねに或る距離、或る対立が存している。学者と政治家、理論家と実践家は人間の違ったタイプに属している。かように理論と政策との間に本性上或る距離乃至対立が存するところから自然に、理論を仕事とする大学が時局に対して何か冷淡であるかの如き誤解が生じ得るということに先ず注意しなければならぬ。そこからまた、今のような時代に性急に国策を口にする者が理論を抛棄して大学を単なる政策研究機関の如きものに変えようとするような誤謬に陥るということも起り得るのである。しかし理論は大学の生命であり、理論を軽んずることは大学がその本質を失うことでなければならぬ。この時代において理論の重要性の認識されることが肝要である。理論的研究を国策に関係のない迂遠なことであるかのように考えるのは間違っている。

それは自然科学の方面について見ても明かである。国策に沿うということからただ応用科学のみが奨励されて理論科学が無視されるということは国家のために却って不利なことになる。『科学』八月号の巻頭言の筆者は「純正科学尊重の気風を養え」と題して次のように書いている。「本邦程純正科学の重んぜられぬ国は尠い。或は寧ろ置き忘れられた装飾品の如き取扱いをさえ受けている。近年に於ける応用科学の進歩が相当世界の注目を惹きながらややともすれば単なる模倣なりとの識を受けるのも純正応用両方面があまりに我不関焉的に互に隔離し過ぎて居る結果ではなかろうか。例えば邦内八帝国大学に於て理学部を全く欠くもの一、設けられんとするもの一、近年漸く設けられたるもの二で、更に其内容を検討すれば、数、理、化、博物の各科を備えるものは四に過ぎない。更に今一度其実質を検討すれば、その講座数、教授数学生数及び経常費に於て到底文政方面及び応用科学方面の比でなく其貧弱なること各帝国大学に於て理学部は一つの従属的存在かの如き観を呈している。これ恐らく明治初年文教制度の創造に当った当局為政者が純理学に対する認識を欠いて其偏を作ったものが惰性として今日に残っているものと思う。」この筆者の云っているように、我が国の応用科学が西洋の模倣に止まるように見えるのは、純正科学の研究が軽視され、応用の基礎となる理論の方面に於て我が国独特の進歩を示すものが乏しいためである。そしてこの理論の軽視は明治以来の我が国の文政の欠陥であるとすれば、今日革新を唱える者の先ず着目すべきは、この点でなければならぬ。理論の尊重は応用の発達のための基礎である。

今日、我が国において不足しているのは、いわゆる政策ではない。例えば支那問題について如何に多くの政策論が横行していることであろう。それにも拘らずなお政策の貧困が歎ぜられているとすれば、その原因は理論の欠乏であり、科学的基礎に立った政策がないからである。大陸政策という日本の国策から考えて必要なのは大陸に関する理論的研究であって単なる政策論ではない。東洋に新しい秩序を建設しようという日本にはそれに相応する理論がなければならない。果して日本には欧米やソヴェートの支那研究よりも進歩した独自の理論があるであろうか。

理論と政策との間には或る距離があると云っても、そのことは両者が無関係であることを意味しない。理論はつねに一定の仕方で政策乃至実践から規定されている。理論にとって問題は実践の中から与えられ、この問題の解決に努力することによって理論は現実的になることができる。自然科学の場合においても理論の進歩が技術的実践的課題によって促されたことの多いのは、歴史の示す通りである。それぞれの歴史的瞬間に与えられた具体的な問題と格闘することによって新しい理論も作られ、新しい真理も発見され得るのである。それ故に国策に沿うということが日本の現実の課している問題の解決に努力するという意味であるならば、理論はもちろんつねに国策に沿うことが必要である。ここに謂う現実とは行動的現実であり、現実の認識は行動の立場に立たなければならぬ。

この点から考えて現在の大学に非現実的なところがあることは争われないように思われる。大学の学問の非現実性はあのマルクス主義時代から絶えず云われてきたことであるが、今日もなお改革されていないように見える。

その学問は日本の現実、日本の実践とあまりに疎離していはしないであろうか。研究の自由を主張する者が果して自由探究の激しい精神を有するか否か、疑問である。自由探究の精神とは無記のところ、行動的現実とは掛け離れたところを自由に浮遊する精神のことではない。現在の歴史的瞬間と苦闘するところに自由探究の精神は生きる。

研究の自由という言葉は険しい現実からの逃避のために用いられてはならぬ。伝統的な方法と伝統的な概念とによる伝統的な問題の論究に止まり我々の社会の生きた問題に身をもってぶっつかる勇気がないならば、研究の自由とはただ名のみである。日本の現実の問題の解決に従事することが国策に沿う所以である限り、大学の学問も国策に沿わなければならぬ。そこから新しい理論、生きた理論は生れてくることができるのである。実践から実践の方向としての政策から全く無関係な学問の存在は一つの幻想に過ぎないであろう。

しかしながら、この場合国策という言葉はその時々の政府の政策、或る特定の政治家の政策とは区別されねばならぬ。国策はその時々の政策を越えて持続するものであり、個々の政策が変っても国策は変らないということが可能である。国策とは国民の信念になったものでなければならぬ。しかるにこの頃政府の政策が何でも国策と呼ばれ、かようにしてまた神聖化され、この政策を批評することは国策に反する態度であるかのように考えられる傾向があるのは遺憾である。個々の政策は国策を遂行するためのものであって、これに対する批評は国策をよりよく遂行するために必要なことである。国策は個々の政策を越えて時代の動向を示すようなものでなければならぬ。国策に沿うことが時の権力者にただ追随することであるならば、それは理論的態度と一致し得ないであろう。

三

理論は国策に規定されねばならぬと云っても、そのことは理論と国策とが直接に一つであるということを意味しない。却って理論は一旦実践の立場を否定することによって理論的になり得るのである。これによって理論的研究は客観性に達することができる。理論が時局に対して冷淡であるかのように考えられるのも、物を客観的に見るという理論の本質に関係している。そしてこのように理論が実践乃至政策の立場を一旦否定するというところに研究の自由というものが認められる。従って研究の自由は理論にとって欠くことができぬ。研究の自由によって理論と政策との統一が破られるのではない。理論と政策とは直接的統一でなくて弁証法的統一をなすのである。

即ちそれは否定を通じての統一であるというところに研究の自由が存している。理論と政策とは弁証法的対立を通じて発展する。単に現実に追随するのでは現実を理論的に捉えることができず、現実を理論的に捉えるのでなければ現実に対する真の政策を立てることもできぬ。

そこで研究の自由は先ずただ任意の問題を研究して好いということであるのではない。理論は時代の実践によって課せられている問題を問題としなければならぬ。一見それと無関係であるかのような題目の研究も、結局それと関係するところにその研究の現実的意義がある。研究者は時局に対する活潑な関心を持たなければならぬ。しかし理論は実践乃至政策の立場を一旦否定することによって客観的に、即ち理論的になり得るのであって、そこに研究の自由がなければならぬ。この否定の関係、この自由は理論が真に実践と結び付くために必要とされている。理論は客観的真理であることによって真に政策に役立つことができる。研究の自由は国策の確立、発展、実現のために必要である。理論にとって問題となる現実は必然的なものである。理論はこの必然性を回避してはならぬ。

しかし理論は一旦実践に対して否定的な関係に立つことによってこの必然的なものを可能的なものとして考察する。必然的なものについてその可能性を明かにするのが理論である。現実は理論を通じて初めて真に現実的になることができる。なぜなら現実性とは必然性と可能性との綜合であるからである。研究の自由というのは必然的なものを可能的なものとして考察することにほかならない。

研究の自由を認めるならば各人がめいめい勝手な議論をするだけであって統一的な理論は得られないという考えは間違っている。すべての理論的な研究は対象に忠実であるべきである限り、対象の有する客観性が理論を拘束する。研究の自由は対象の拘束性から脱することであるのでなく、却ってただ対象の拘束性にのみ従うということである。理論はその客観的一般性によって人と人とを結合することができる。理論のないところに国策の統一はなく、国民思想の統一も期し難いのである。固より如何なる理論的研究にも主観的なものが混入することは免れ難いであろう。自由な研究によって各人がそれぞれ別個の結論に達するということは可能である。それは各人がその個人的制限のために対象の一部分の真理しか捉え得ないということによっても生ずるであろう。かようにして研究の自由はその反面に研究の共同を伴わなければならぬ。大学の如き機関はこの研究の共同のために存在している。多数の者が共同して研究に従事し、しかもこの共同の内部においては各人が自由に意見を戦わすことによって、ここに弁証法的に綜合的に具体的な真理に達することができる。研究の自由は研究の共同を伴うことによってその意義を発揮することができる。

しかるに今日我が国の大学において欠けているのはこの研究の共同である。綜合大学と称しながらその綜合の実は十分に認められない。大学は研究共同体であるべきである筈なのに、派閥の存在、その間の醜争は絶えることがないと伝えられている。研究の自由は単なる個人主義や自由主義であるのでなく、それは研究共同体の存在を予想すべきものである。かような共同体として大学の自治も認められることができる。今日大学の自治と称せられるものが如何なる法的根拠を有するのか私は詳にしないが、大学の自治は大学の使命達成の上から見て形式的にはともかく実質的には必要であると思われる。即ちそれは研究の自由が対象以外のものによって拘束されず、研究の共同が学問以外の権力によって乱されないために要求されるのであって、そのことは客観的真理の認識に達するための前提である。国策にとって真理が無用のものでない限り、研究の自由、研究の共同のための大学の自治は認められねばならぬ。これに如何なる法的形式を与えるかは技術的な問題である。

しかしながら既に云ったように真の自由探究の精神は時代の生きた問題と血みどろに取組むところにある。ところが大学はむしろ従来多くの場合伝統主義的であった。それは伝統的な技術によって伝統的な問題を論明するに止まるのがつねであり、かくして従来の歴史は学問の革新が多くは大学以外から生じたことを示している。

研究の自由はアカデミズムに対する闘争として現われたことが尠くない。現代においても大学はその学問及び組織のうちに革新を要する多くのものを有するに拘らず、自ら他に先んじて革新を行う勇気を欠いているように見える。あらゆる方面において革新の迫っている今日、大学における研究の自由の主張がアカデミズムに通有の伝統主義或いは現状維持の傾向と矛盾していはしないかどうかが問題である。

（一九三八年九月）

学問論

一

福沢諭吉の『学問のすゝめ』は当時広く影響を与えた著述であるが、現在も学問に志す人にぜひ一度読むことを勧めたいものである。学問の意義について考えようとする場合、そこには今も重要なものが含まれている。もちろん現代は福沢の時代とは異る一つの他の転換期である。しかし共に転換期であるという意味において相通ずるものがあるであろう。今日彼の思想をそのまま承認することはできないにしても、学問に関する彼の把握の仕方そのものには学ぶべきものがあると思う。

『学問のすゝめ』に現われているのは一つの新しい学問或いは教養の理念である。それは学問乃至教養の封建的理念に対する近代的理念である。福沢はいっている、「学問とは唯むずかしき字を知り解し難き古文を読み和歌を楽み詩を作るなど世上に実のなき文学を云うにあらずこれ等の文学も自から人の心を悦ばしめ随分調法なるものなれども古来世間の儒者和学者などの申すようさまであがめ貴むべきものにあらず古来漢学者に世帯持の上手なる者も少く和歌をよくして商売に巧者なる町人も稀なりこれがため心ある町人百姓は其子の学問に出精するを見てやがて身代を持崩すならんとて親心に心配する者あり無理ならぬことなり畢竟其学問の実に遠くして日用の間に合わぬ証拠なりされば今斯る実なき学問は先ず次にし専ら勤むべきは人間普通日用に近き実学なり」と。即ち封建的な教養或いは学問としての「文学」に対して強調されているのは「実学」である。実学というのは実生活において有用な学問のことである。『学問のすゝめ』はただ漫然と学問を奨励したのでなく、その根柢は学問の理念の変革に関係しているのである。これが先ず注目すべき第一の点である。尤も、福沢の説いたのは「学問」そのものの変革、その方法論的変革でなく、むしろ文学よりも実学という「教養」の理念の変革であったといわれるであろう。しかしながらこの新しい教養、いわゆる実学は、近代科学のもたらした学問上における方法論的変革を俟って可能になったものである。実際的な教養理念と論理的な学問理念とは密接に関聯している。学問の理念の変革なしには根本的に新しい教養の理念は存在することができぬ。

第二に、『学問のすゝめ』の根柢をなしているのはまた封建的な人間観、社会観に対する新しい近代的な人間観、社会観である。この書は、「天は人の上に人を造らず人の下に人を造らずと云えり」という、当時人口に膾炙した句をもって始まっている。人が学問するのは、本来自由独立である人間が真に自由独立になるためである。自由はもちろん我儘と同じではない。またそれは利己主義とも違っている。「人の心身の働を細に見ればこれを分て二様に区別す可し第一は一人たる身に就ての働なり第二は人間交際の仲間に居り其交際の身に就ての働なり」と福沢はいい、かかる「人の性」に従って学問の旨にも二様あるべきことを論じた。学問は身のため、世のためである。「固より独立の活計は人間の一大事汝の額の汗を以て汝の食を喰えとは古人の教なれども余が考にはこの教の趣旨を達したればとて未だ人たるもの、務を終れりとするに足らず」、自分で独立ができるというので得意の色を為す者もあるが、かくの如き人はその実「唯蟻の門人と云う可きのみ。」「人の性は群居を好み決して独歩孤立するを得ず」、「凡そ何人にても聊か身に所得あればこれに由て世の益を為さんと欲するは人情の常なり或は自分には世のためにする意なきも知らず識らずして後世子孫自から其功徳を蒙ることあり人に此性情あればこそ人間交際の義務を達し得るなり古より世に斯る人物なかりせば我輩今日に生れて今の世界中にある文明の徳沢を蒙るを得ざる可し。」学問は実にかくの如き人間の産物である。「古の時代より有力の人物心身を労して世のために事を為す者少なからず今この人物の心事を想うに豈衣食住の饒なるを以て自から足れりとする者ならんや人間交際の義務を重んじて其志す所蓋し高遠に在るなり今の学者は此人物より文明の遺物を受けて正しく進歩の先鋒に立たるものなれば其進む所に極度ある可らず今より数十の星霜を経て後の文明の世に至れば又後人をして我輩の徳沢を仰ぐこと今我輩が古人を崇むが如くならしめざる可らず」、と福沢は述べている。しかし彼は自分の独立を維持することもできない者が徒らに天下国家を論ずることを嫌った。即ち「独立の気力なき者は国を思うこと深切ならず」と断じ、「独立の気力なき者は必ず人に依頼す、人に依頼する者は必ず人を恐る、人を恐るゝ者は必ず人に諂うものなり常に人を恐れ人に諂う者は次第にこれに慣れ其面の皮鉄の如くなりて恥ず可きを恥じず論ず可きを論ぜず」と述べ、更に「内に居て独立の地位を得ざる者は外に在て外国人に接するときも亦独立の権義を伸ること能わず」と記している。およそ「一身独立して一国独立する」のである。「自由独立の事は人の一身に在るのみならず一国の上にもあることなり。」人が学問するのは、自身の独立のためであり、自国の独立のためである。福沢のいう自由独立がその時代の制約によって自由主義的なものであることは争われないところであり、従ってその限り現在そのまま承認され得るものでないことは言うまでもない。ここで我々にとって注目を要するのは、一定の教養或いは学問の理念と一定の人間観、社会観、更に一定の時代における人間、社会との間に聯関が存在するという一般的事実である。いわゆる実学の思想は、自由独立の人間観、社会観と連繫している。大きく見ると、近代社会の発達と近代科学の発達との間には密接な関係がある。近代科学はあらゆる人間において平等と考えられる理性を基礎とし、それ以外に秘義はなく、それ以外の権威を認めない。この点それは、秘義とか権威とかいうものの存在した封建的な学問と本質的に違っている。近代科学は封建的な学者のギルドを崩壊させることになったし、またその崩壊によって発達した。近代科学は誰でもが近づき得る性質のものである。それは観察、実験、推理というような、誰でも用いることができるいわば世俗的な方法に拠っている。それは本質的にデモクラティックであるともいい得るであろう。自由主義の発達はかような科学のために援けられたし、また自由主義社会の発展によってこの科学の発達も可能であったのである。

第三に、右のことと関係して『学問のすゝめ』において注目されるのは、福沢が学問の普及と共に道徳、とりわけ社会道徳の改善を期しているということである。ここでも目標が封建的道徳に対して自由独立の精神に基く近代的道徳を鼓吹するにあったことは言うまでもないであろう。かようにして彼は、或いは「人は同等なること」、また「国は同等なること」を説き、或いは「名分を以て偽君子を生ずるの論」をなし、或いは「国法の貴きを論じ」、また「国民の職分を論じ」ている。なかにも彼が「学者の職分」を論じて、「此学者士君子皆官あるを知て私あるを知らず政府の上に立つ術を知て政府の下に居るの道を知らず」、「是れを以て世の人心益其風に靡き官を慕い官を頼み官を恐れ官に諂い毫も独立の丹心を発露する者なくして其醜体見るに忍びざることなり」と慨歎し、独立の意義を述べているのは、自己の行動に対する彼の自信のほどを示して興味が深い。学問の精神と道徳との間には密接な関係が存在している。智育と徳育とを分離して考えることは、道徳にとって有害であるのみでなく、学問にとっても有害である。かような分離は、例えば、学問の理念は自由主義的に止まりながら、道徳の理念は全体主義的であろうとするようなところから生じてくる。倫理にとって知識が必要であるというのみではない、知識にも知識の倫理がなければならぬ。しかもその倫理は学問の理念の異るに従って異ると考えることができるであろう。古代的乃至中世的学問の根柢にある知識の倫理は、近代的学問の根柢にある知識の倫理と同じではない。新しい道徳の理念には新しい学問の理念が相応し、逆に新しい学問の理念には新しい道徳の理念が相応しなければならないのである。

二

さて福沢諭吉が学問として勧めた実学は、その後我が国において必ずしも順調な発達を見なかった。これは一般的には我が国における自由主義の発達に種々の制限がおかれていたという事情に関係があるであろう。更に具体的にいうと、それは我が国の大学が従来主として官僚養成所の観があったとか、そのうえいわゆる法科万能の観があったとかいう事実において示されているであろう。思想的に見ると、実学思想はドイツ哲学と共に輸入された人文主義的教養の理念によって抑圧されてきたのである。しかるに近年、日本の国家的必要は或る面において実学思想を新たに喚び起すに至った。殊に最近、国際情勢の変化と共にいわゆる科学・技術の重要性が痛感されるようになった。福沢のいった実学の意味を特に科学・技術の面において強調して考えると、彼の説いた通り国の独立のために学問の大切であることが現実に明かになってきたのである。しかもやや誇張していうと、自由主義の克服が叫ばれるようになった今日却って他方実学思想が力説されるということになった。そこに現在我が国における学問の問題に絡む若干複雑な事情が横たわっている。

今日いわゆる科学・技術が自然科学とこれに基く技術を意味することは明かである。従って我々は先ずこのものが如何なるものであるかを考えてみなければならぬ。その科学性というものが実証性と合理性、或いは経験性と論理性の統一であるというような議論には今は立入らないことにしよう。ここで注意すべき一つの簡単な、しかし決して重要でなくはない事実は、そのいわゆる科学・技術が西洋においても近代に至って初めて発達したものであるということである。その場合全く劃期的な世界観的変革があった。もちろんこの科学や技術の萌芽と見られるものは既に古くから存在していたけれども、近代科学や近代技術は単にその連続的な発展と考え得るものでなく、そこに飛躍的な学問理念の変化、世界観的変革といい得るものがあったのである。科学が与えるのは世界像であって世界観でないという議論は、この歴史的事情においては適切でない。近代科学のもたらしたのは中世的世界観に対する一つの全く新しい世界観であった。それだからこそ近代科学の初期における指導者たちは歴史の示す如く幾多の迫害に抗してこの新しい学問理念を戦い取らねばならなかったのである。科学的精神というものが何であるかを理解するためには、かような世界観的変革の意義を深く反省することが肝要である。我が国はこの科学を結果として西洋から輸入したのであるが、そのためにその根源におけるかような世界観的変革をそれほど痛切に経験することなしに過すことができた。尤も、これは東洋にはキリスト教の如き超越論的宗教が存在しなかったという事情にも依るであろう。或る意味で東洋思想は西洋の中世思想よりもむしろ古代ギリシア思想などに一層近いとも考えられる。しかし西洋でも古代思想と近代科学との関係は単に連続的に見ることができないように、東洋思想と科学との関係を簡単に融合的に考えることはできない。そこにはどこまでも非連続的なものがある。先ずこの非連続性、言い換えると、近代科学のもたらした全く新しい学問理念、世界観的変革の意義を深刻に把握することによって、しかる後これと東洋思想との統一も初めて真剣な問題になるのであって、その関係を強いて連続的融合的に考えようとすると却って真の科学的精神の理解を妨げることになるのである。

例えば、今日、我々の祖先が如何に科学的であったかを示すために挙げられるのは科学であるよりも技術であり、この技術のうちに如何に優秀な科学が含まれているかが語られるのがつねである。この議論は或る意味では正しく、しかし或る意味では的外れである。技術は人類と共に古く、近代科学が現われる以前すでに世界到る処に発達していた。それのみでなく、近代科学が現われる以前においては、東洋における技術は西洋における技術よりも寧ろ進歩していたとさえいうことができ、少くとも東洋社会の西洋社会に対する技術の立遅れは存在しなかったのである。しかるにその後三百年の間に著しい懸隔が生ずるようになったのは何故であるか。そこに近代科学の出現があったのである。それ以後この科学を基礎にした技術は従来の技術に対して全く新しい性質のものである。そこには道具時代と機械時代というような差異が認められる。人間は技術によって環境を再形成するのであるが、かように再形成された環境は単なる自然とは違い歴史的なものであるという意味でこれを自然から区別して景観（ランドシャフト）と呼ぶならば、道具時代と機械時代との間には、或る人が名附けた如く、「文化景観」と「機械景観」との差異を認めることができる。文化景観においてはすべてのものが有機的である。道具はいわば手の延長である。自然と人間、身体と精神の関係もそこでは有機的である。この時代においては戦争でさえもが有機的であったということができる。しかるに機械景観においては、環境と人間、身体と精神の間の非連続的な関係が著しく現われてくる。機械はもはや手の延長ではない。人間の作った機械が却って人間を支配するというようなことが生じてくる。技術に対する攻撃の原因となった如き、技術に関する倫理的、社会的、文化的問題は、機械時代に至って初めて現われてきたのである。かようなところからも知られる如く、近代技術とそれ以前の技術との間には極めて重要な性質の差異がある。近代科学のもたらしたこの変革の意義を無視して、この科学とそれ以前の技術とを単に連続的に考えることは許されない。もちろん昔の技術、いわゆる原始技術も、技術である以上、何等かの科学を含んでいるのは当然である。自然の法則に反して人間は何物をも作ることができぬ。そして例えば日本刀のうちに優秀な科学が含まれているということから、日本人に優秀な科学的性能があると考えることもその限りにおいては正しいであろう。しかしながらそのために近代科学並びに近代技術とそれ以前の技術との間に存在する本質的な対立、非連続を見逃すようなことになるとすれば、大きな過失である。この対立、この非連続の意味を方法論的に正確に把握するのでなければ、今日の科学の真の精神は理解され得ないであろう。

以前の技術と近代技術との差異は、技術と科学との対立を考えさせるに十分である。何故に以前は西洋に比肩し得る程度に発達していた東洋社会における技術が停滞したであろうか。東洋社会は余りに技術的であったために却って技術的でなくなったということができる。科学はその本性上抽象的なものである。それは現実の具体的な実践的技術的課題から出立するにしても、一旦その技術的実践的立場を否定して純粋に知識のための知識、理論のための理論を追求するところに成立する。科学が求めるのは一般的な抽象的な法則である。科学的思惟は主として分析的である。現代物理学は非直観性を特色とするといわれている。しかるに東洋的思惟の特徴と見られるのは直観性であり、綜合性である。東洋的世界観は、心身一如とか色即是空とかいうように、「即」とか「一如」とかいう字で現わされる直観的、綜合的把握において極めて鋭いもの、深いものをもっている。しかしそれだけ分析的なところ、区別し、抽象し、論理的に構成してゆくところ、また仮説的に考えてゆくことに欠けている、つまり科学性から遠いものである。もちろんそのために東洋的な直観が全く非合理的なものであるかの如く考えるのは愚かなことである。技術の見地からいうと、或る種のものは東洋において西洋のものよりもすぐれたものが発見されているのである。技術は科学に比して具体的なものであり、直観とか綜合とかは或る意味で技術にとって重要である。東洋的思惟は行為的直観の立場に立つといわれるが、それは技術の立場に立つということもできるであろう。しかしながら技術においても近代技術の如く科学を基礎とする場合、もはや単なる直観では不十分である。科学は技術の立場を否定して抽象的になることによって却って真に技術に役立ち得るのである。東洋社会は余りに行為的技術的であったために、科学の発達に遅れ、技術も停滞せざるを得なかったといわれるであろう。技術と科学との間にかくの如き関係が見られるとすれば、科学を単に技術の見地からのみ考えて科学そのものの独自性を認めないということは、科学の進歩を妨げることになり、延いては技術そのものの発達をも害することになるのである。この点、物を行為的立場から見るという深い伝統を有する我が国においては特に注意しなければならぬ。

三

もちろん東洋社会といっても支那と日本とは同じでない。アジア的停滞性という言葉は支那の社会についてはあてはまるにしても、日本の社会はむしろそのような停滞がなかったことを特色としている。この点から考えて、日本は科学の発達に一層適していたということができるであろう。既に述べた如く、近代的な学問は近代的な社会の発達と密接に関係している。そしてそれは福沢のいわゆる自由独立の精神によって進歩した。近代科学を継承して発展させようとする場合、やはりその精神が大切である。言い換えると自由主義の善いところがどこまでも活かされてゆかなければならない。これは今日、一方科学振興が唱えられ、他方自由主義打倒が叫ばれている現状において、特に注意を要することである。自由主義は超えられねばならぬ。しかしもしそれが自由主義の単純な否定であるとするならば、それは科学的精神の否定に終らなければならないであろう。また近代科学はその本性上いわばデモクラティックである。それには秘義というものがなく、その本質上公共的なものである。そしてそれは公共的であるために一般人の間に普及することによって発達したのである。自由主義の発達と関聯した学問のこの性格は今日においても継承され、更に発展させられねばならない。派閥とか秘密主義とかいう封建的なものは学問の精神に反するのである。

しかし近代科学の発達に与って力のあった自由主義は同時にそれに対して制限をおくことにもなった。かような制限がその功利主義、無統制な自由競争、個人主義等に由来することは言うまでもないであろう。例えばその功利主義のために基礎科学の方面が忽せにされるとか、その自由競争のために技術が公開されないで改良を妨げられるとか、またその個人主義のために研究が孤立的・断片的になった。しかるに学問そのものは本質的に反対の要求をもっている。近代的学問はその本質に従って個人的・孤立的・制限的・断片的研究から、組織的・協同的・大規模研究に向うべき傾向をもっている。これは何よりも近代科学における方法論的変革によって指示されていることである。即ち近代科学は前代の学問の方法が主観的・思弁的・抽象的・演繹的であるのに対して、客観的・帰納的・実証的・実験的である。その研究は協同を必要としており、またその方法は研究の協同を可能にしたのである。しかるにかような科学の要求を完全に実現するためには自由主義の制限を超えた新しい学問研究の組織が作られなければならぬ。

ところで学問研究の組織そのものはまた学問の理念の表現である。古代におけるアカデミーは古代的学問の理念の表現であり、中世における僧院は中世的学問の理念の表現であり、近代における学校は近代的学問の理念の表現である。近代的学問の理念が如何に自由主義的であるかは、近代の学校を古代のアカデミーとか中世の僧院とかと比較して見れば明瞭であろう。今日我が国において塾とか道場とかいうものが追々設立されつつあることは注目すべき事実である。そこに求められているのは単に教授法の改善という如きものに止まらないであろう、根本においては学問の理念が問題であるのでなければならぬ。塾とか道場とかの目指しているのは自由主義の克服であり、協同社会的なものの復興である。実際、以前の学者乃至学徒の組織は協同社会的であった。その点において、自由主義を超えるものが求められている今日、復活されねばならぬ多くのものがあるであろう。しかしそれは以前のもののその儘の再生であることができない。昔の塾や道場のもっていた封建性をそのまま復活させることは無意味であるのみでなく、有害でさえある。封建的な組織は封建的な学問の修業には適していても、近代的な学問の研究には適しないのである。新しい研究組織は旧い協同社会の復活に止まることなく、そのうちに自由主義のすぐれた遺産を継承しつつ新たに形成される協同社会でなければならぬ。この新しい組織は新しい学問の理念の表現でなければならぬであろう。単に組織を変えるだけで、その学問の理念は依然として元のままであるとすれば、組織に生命がないのみでなく、学問の発達を却って阻害することになるであろう。いわゆる学園新体制において問題になるのはその学問の理念が如何なるものであるかということである。ここに学問の理念というのは単に学問を個人のためにするか社会のためにするかというような問題に止まらない。それはむしろ学問利用の方途に関するものであって、学問そのものの内的な理念に関係しないであろう。福沢の如きも、ただ自己のために学問する者を「蟻の門人」に過ぎないといっている。問題は学問の内的な理念そのものである。しかしまたこの理念は人間観、社会観と密接な関係を有し、従って個人主義とか全体主義とかいう問題もそれにとって決して無関係ではないのである。

自由主義的な学問は世界主義的であるといわれている。もしこの世界主義というものが学問の有する客観性、普遍妥当性を意味するとすれば、学問が世界的なものであることは当然である。特に近代科学はそのような客観性を獲得することに成功したのである。もちろん科学というものも一定の歴史的人間、即ち一定の個性を有し一定の民族に属する人間が研究するものであるから、その到達された結果は論理的に世界的普遍性を有するにしても、それに到達する具体的な手続においてはおのずからその個性なり民族性なりが現われるものである。科学者にも直覚的な型と論理的な型とがあるといわれている。そのような意味において科学の民族性を考えることもできる。しかし科学の国民的性格というものは一層根源的に他の方面から考えてゆかねばならぬであろう。いま技術に注目するならば、技術は我々の生存する環境を形成するものであり、この環境は歴史的に限定されたものである。我々は無限定な空間に住んでいるのでなく、一定の国土に生を享けているのである。それぞれの民族は歴史的に限定されたいわゆる生活空間を有している。この生活空間に見出される資源もおのずから限定されたものである。かようにして一国の技術はその国の有する資源及び環境に即応してその国独自のものがあるべき筈である。自己の有する環境及び資源を最高度に利用することはそれぞれの民族に課せられた任務であるといい得るであろう。この任務は各民族が世界に対して負うている任務である。日本には日本的技術がなければならぬ。しかるに従来我が国においてはかような日本的技術の発達に乏しく、その技術の大部分は欧米から直訳的に輸入したものであった。従ってその資材を我が国において補給し得ないものも多く、また外国製の機械で日本人の身体に適合しないために不便を忍んで使用しなければならぬ場合もあった。かくの如き事態は、営利的見地から自国の技術を培養するよりも外国の技術の輸入を選ぶとか、また営利的見地から自国の資源の開発利用を計るよりも外国からの輸入資材に依存するのを得策としたとかいうことに基くであろう。しかるに世界経済における自由主義が著しく制限され、アウタルキー的傾向が顕著になるに及んで、我が国の技術が困難に直面することもそれだけ多かったのである。これは我々に技術の歴史性についての反省を要求する深刻な事実である。技術は元来歴史的に限定されたものである。我々に技術的課題をもって呼び掛けてくる自然は、いわゆる生活空間として、単なる自然でなくて環境的自然であり、既に歴史的なものである。またそれを形成してゆく技術における我々の意欲或いは目的も歴史的に限定されたものである。

かようにして技術が歴史的なものであるとすれば、科学もまた技術に制約される限り歴史的なものであることが理解されるであろう。科学ももと技術的実践的課題の中から、その解決のために生れたものであることは歴史の示すところである。特に現在の事情において、我が国の科学が日本の当面している技術的課題の解決に努力すべきは当然のことである。そこから新しい日本的性格の科学が生れてくることも可能である。科学も歴史的世界から出てくるものである。科学が明かにしようとするのは自然の客観的な一般的な法則である。しかるに技術の見地から見ると、科学は技術の一つの要素、一つの契機に過ぎないということができる。技術は科学の明かにするような自然の法則と人間の主観的な目的との綜合である。科学が明かにするのは因果論であるが、技術は因果論に従いながら同時に目的論を現わしている。力学の法則に従う機械は同時に全体と部分との目的論的構造を示しており、技術的過程の構造もまた同様である。技術が作り出すのは一本の草、一本の木というような具体的なものである。かくの如き点から考えて技術は科学よりも具体的なものであるということができる。近代的な学問の理念は自然科学に定位をとり、そのために抽象的に陥った。これに対して新しい学問の理念はむしろ技術に定位を取らねばならぬであろう。それはもとより科学を排するものでなく、却って今日の技術が科学を含まねばならぬように、科学を含むものである。近代的な学問の理念が技術をそのうちに含まれる科学の面からのみ見て科学と同一視して考えたのとは逆に、新しい学問の理念はむしろ科学をその契機として含む技術の一層具体的な立場に立たねばならぬであろう。科学と技術とはすでに理論と実践という意味において対立している。技術においては単に物を知ることが問題でなく、物を作ることが問題である。科学の理念が法則であるのに対して、技術の理念は形であるということもできる。科学と技術との対立を理解することは科学の独自性を理解するためにも大切である。しかも科学と技術とは統一である。何等か科学性をもたないような技術は存在しない。新しい学問の理念はかくの如き対立の統一に立つのである。技術に定位をとる学問の理念はその本質上行為的でなければならない。そしてそこにおいて強調されるのは学問の歴史性である。自然科学も歴史的世界から出てくるものとして歴史的である。新しい学問の理念は決して技術に対して科学を貶しめるものでなく、その本来主張するところは学問の歴史的行為的本質である。近代的学問の理念は非実践的、非歴史的であった。これに対して新しい学問の理念は実践的、歴史的であることによって、単に自然科学のみでなく、社会科学とか文化科学とか歴史科学とかをも自己のうちに統一することができるであろう。その際技術の概念も自然に対する技術のみでなく、社会に対する技術にまで拡張されねばならぬ。ところでかようにして新しい学問の理念の確立さるべき方向が与えられるとすれば、その場合には東洋的世界観との統一も可能になるであろう。東洋的思惟は元来行為的技術的であったのである。しかし東洋思想のうちに従来欠けていた科学がその否定的契機として敲き込まれ、これによって媒介されねばならぬ。かような学問の理念はまた新しい人間観、社会観とつながるであろう。それは形成的人間の人間観である。それが協同主義的社会観に立つべきことは技術的活動の社会的協同的性質を見れば明かであろう。

（一九四一年六月）

学問と人生

学問と人生に就てお話しするに当り先ず学問とはどういうものであるかを考えて見たいと思う。昔から本を読む事が学問の主要な方法であると考えられていた。即ち学問とは読書であると思われていたので、これは東洋でもそうであるが、西洋でもやはり中世の学問を考えると読書が基礎的な方法であったという事が出来る。支那や日本でもやはりそうであって、学問をする人間というのは読書する人間である。知識階級とは読書人であると考えられていたのである。そしてこのように読書が方法である様な学問に於ては先ず第一に、伝統というものが非常に重要な意味を持っているのでなければならない。従って学問上の古典というものが読書の、又学問の基礎になっていた。此事は他方学問に於て権威というものが存在していたことを意味する。即ち常に絶対的権威というものがあって、それに拠る事が学問の方法として重要であると考えられてきた。かようにして昔から学問をする場合には一定の古典が権威としてどういう言葉を伝えているかを知ることが根本であった。その学問の仕方は一般に中世的な態度という事が出来、社会的に観ればその社会がやは伝統と権威とを基礎にした社会であった事を意味している。中世的な社会というものは東西を問わずそういうものであった。読書が学問の方法であるという様な考えは、日本の場合に於ては特殊の事情によって一定の特徴を与えられている。日本の学問上の先輩は支那であったが、日本の学者の大部分は支那へ行って直接学んだのではなかった。交通手段の比較的発達した徳川時代に於ても幕府の鎖国政策によって支那へ渡る事が出来なかった。そういう事情に於て日本の学者が先進国の学問をした唯一の方法は読書であったのである。風土、地理或は人情其他、日本とは異る支那に関する事を直接自分の眼や耳を以て知ったのではなくて、実証的の基礎から全く離れて書物を基礎として学問をした。そこにこの学問の不十分であった原因があるのであるが、それが伝統となって明治以後に於ても支那学者は従来の読書の方法を頼りにして勉強していたのである。

併し此の支那学者の方法は、単に支那学者に止ったのではなく、西洋の学問をするにも用いられたので、学問の伝統的な方法が読書であったという事が知らず識らず影響を与えているのである。このように読書が学問の方法であるという様な考え方は今日の日本に於ても尚お非常に広く存在しているのではないかと思う。殊にそれは日本の地理的な条件、即ち地理的に隔離されているという条件に関係があるので、我々は西洋の学問をする場合にも同じようにたいてい本を通じて知るより他ないという事情に置かれている。これは西洋諸国に於て、例えばイギリス人がフランスを研究するとか、ドイツ人がイギリスを研究する場合とは違うことで、我々がよく反省して見る必要があることであると思う。

一般に中世的な学問の方法は右のようであったが、これに対して根本的な変革を齎らしたのが近代科学である。我々はこの近代科学の方法をよく咀嚼しなければならぬ。近代科学は読書を方法とするのではなく、寧ろ実験を基礎とするのである。近代科学の創始者、建設者である所のガリレオの有名な言葉に、自分はアリストテレスの本を権威とするのではなくて、自然の書物を読む事に努力するといっている。即ち読書により伝統的な権威に従って研究するのではなく、事実に直接ぶつかって実証的に研究して行くというのが近代科学の方法である。そこに中世的な学問に対する近代科学の根本的な変革がある。勿論、実験というのは、単に経験に頼ることではなく、実験する為めには一定のアイディア、一定の思想がなければならない。経験をただ与えられた儘受動的に受取るのではなく、一定のアイディアに基いて経験を操作する事により経験を経験して行くというのが実験である。従って一方に於ては論理とか理論とかが重要な意味を持っている。此の論理とか理論とかを発達させた所に又近代科学の学問としての重要な特色のある事は言う迄もない。併しただ論理的思弁が学問の方法で無かった事は、例えばギリシアの自然哲学と近代科学とを比較してみればよく判る。即ちデモクリトス等はアトムを構成要素として世界を機械的に説明したのであるが、これは近代科学の到達した結論に類似している。しかるにギリシア的な学問はそこに固定して何等発展をしなかった。又それが人生或は実生活に対して有用な結果をもたらさないで畢ったというのは近代科学と異る所である。デモクリトス等はその原子論を単なる哲学的思弁によって獲得したのである。近代科学はそれを実験によって確定して行ったという所に大きな特色がある。そこに近代科学がどこまでも進歩して行き、又実際生活にとって有用になり得る根拠があると思う。一方に於てどこ迄も論理的に考えて行く事、他方に於てどこ迄も実証的に経験的にやって行く事、此の二つのものの統一が近代科学の方法であることは、多くの人によって既に指摘されている所である。ギリシア的な学問は純粋に知識の為めに知識を求めることを理想としたのに反し、近代科学は単に物を知ることでなくて物を作ること即ち技術的な課題と密接に結び附いて生れた。それが実験を方法としたのもこれに依るのである。

このような学問の精神を理解する場合、我々は人生と学問との密接な関係を理解することができる。人間の生活は一般的にいえば環境に於ける生活である。我々は環境に適応する、或は環境を支配する事によって生きているので、其の方法として技術がある。例えば山にトンネルをつくるとか、川に堤防を築く等、技術によって人間は自然を支配し自然を利用して生活している。人間は技術的にしか生活出来ない。これは人間が環境に於ける生活者である事を考えれば極めて明瞭である。だから技術は人間が存在し始めるや否や存在していたのであって、歴史以前に於ても存在していた。それは先史時代が石器時代、青銅器時代、鉄器時代というように、その用いた道具或は技術の種類によって区分されている事からも知られ得る。かように技術は昔から世界の至る所に於て存在し、東洋に於ても亦もとより存在したのである。そこでその東洋的な技術と今日の技術とを比較し、従って又東洋的な生活方法と今日の生活方法とを比較して考えてみることが重要になってくる。

近代科学が出て来る迄の技術は、東洋であると西洋であるとを問わず、一般的にいえば道具の技術である。之に反して近代の技術は機械の技術である。道具の技術と機械の技術との対立はどこにあるかといえば、道具の技術は或る有機的なものであるが、機械の技術は全く機械的なものである。道具というものは人間の身体に応じて作られていて、大工の使う鑿とか鉋は人間の手の延長の様なものである。それは手の形とか大きさに応じて作られている。そういう時代に作られた色々の生産物を見ても総て一種の有機的性質を持っている。そこで今日東洋的な科学として注目されている漢方をとって見る。これは東洋の科学といわれているが、併し厳密にいえば科学というよりも技術である。今日一般に漠然と東洋科学といっているものは、実は近代科学の意味における科学ではなくむしろ技術であるという事を理解する必要があると思う。漢方、東洋医学なるものは病気を治すということを目的とする技術であって、適用されるのは人間の身体という様な有機的なものであり、また用いられるものは植物の様な有機的なものである。これは近代医学に於ける薬と比較すると差違は明かであり、近代医学に於ては有機的なものよりも無機的なもの、化学的に作られたものが用いられる。漢方の方法そのものは有機的であり、従って全体的で、直観的であるという特色、長所を持っている。併しそれには自ら限界があるので、近代技術の特色は却って無機的なものを作り出す所にある。昔の橋とか建築を見てもそれは自然の中へ融合している、つまり自然と対立しないで融合する様に作るのを理想としていた。自然を模倣するというのがその技術の特色である。従ってまたその技術は極めて芸術的であるという事が出来る。これに反し近代の技術は機械的であり、自然と対立している。自然と融合するのではなくして自然を支配する、自然のうちにないものを発明するという点が明瞭に現われている。我々の生活環境における技術についての、このような差異が人生にとってまた重要な意味を持っているのである。

人間の生活は一種の技術であるという事からして、道徳にも技術的なところがある。修養法というものはそういう技術的な意味を多分に持っている。しかるにこれまでいわれた修養は道具時代に相応する有機的な生活技術であった。それは以前の局限された世界、道具時代の環境に於てはそれで十分であった。昔風の修養というものは生活が固定し、社会関係が固定していた時代、有機的な見透しのつく様な世界、一つの閉鎖的な世界に於ける生活技術としては極めて巧妙に発達したものである。所が今日機械時代になって我々の住んでいる生活環境が以前と全く違ったものになってくると、そういう昔風の修養だけでは足りなくなって来ている。道具時代から機械時代へ我々の生活環境が変化すると共にこれまでの修養だけでは不足になったという事実に注意しなければならない。勿論人間は単に社会的なものではなく、個人的なものであり、有機的な存在である。そういう個人としての修養にとってはこれまでの方法も今日なお重要な意味を持っており、我々が学ばなければならないものが多い。

併し、我々の住んでいる生活環境が機械化された今日では、社会的な関係も直観的に見透し難い複雑なものになった。信州の山奥に住んでいる人間がアメリカの経済状態の影響を受けるという、こういう事情に於ては昔風の道徳だけでは足りなくなって来ている。道徳が技術であるといっても道具時代の技術と機械時代の技術とでは根本的な差違がなければならない。昔にあっては生活環境は局限され又安定していて、つまり中世的な所謂ゲマインシャフトの中に住んでいた。そういう時代に於ては知識は必要であっても特に知識として獲得しなければならない程の意味を持たなかった。それはちょうど、昔の道具技術は、成程これを分析して見れば其中に科学が含まれていて、どんな技術であっても自然の法則に反して行われる事は出来ないが、併しそういう知識を知識として、一つの自然科学として確立したのでないというのと、同様である。昔の刀鍛冶は刀を作る事は上手であったけれども、それを科学として把握したのではなく、それはただ技術として伝統的に伝えられたのである。そういう時代には道徳においても先祖代々伝えられた観念で生活が十分出来たのである。

ところが、今日の機械時代になるとその技術には根底に近代科学というものがある。それと同じ様に今日の生活技術、従って今日の道徳に於ても科学性というものが必要になってくる。そこで人生にとって学問をする事が重要な意味を持つ様になる。然もその学問は昔風の学問ではなく、近代科学によって確立されたような新しい科学性を持った学問でなければならない。勿論近代科学というものは技術的の要求から生れたのであるが、併しただ技術的でなく、純粋に学問の為めに学問を求める、理論の為めに理論を研究する、真理の為めに真理を研究するという様な態度によってそういう科学は成立した。つまり技術から生れ乍ら一旦技術を否定する事によって科学として発達するのである。之に反し昔の技術に於ては学問と技術とが謂わばただ有機的に直接的に結合していた。近代科学が確立し、その科学を技術的に利用する事により従来の技術とは違う技術が発達したのである。つまり融合していたものが一旦分離し、然して後に結合する事によって近代技術は発達した。それと同じ様に今日の生活環境に於て、真に生活して行く為めには、人生をより正しく生きて行く為めには近代科学を我々の身につけなければならない。これまでの修養だけでは足りないのである。そこに於て学問と人生とが新しい結びつき方をしなければならない。そういう学問は勿論既に述べた様に単なる読書によって得られるものではない。学問の方法として今日も読書が大切である事は勿論だが、それだけでなく実証的に人生の問題を考えて行くという態度を近代科学から学ばなければならない。近代科学性を持たない近代生活というものはあり得ない。

併しまたよく考えて見ると、近代科学というものを基礎にした近代的世界観、自由主義的な世界観には限界がある。即ちそれは一種の世界主義、然も抽象的な世界主義である。科学は自然の一般的な法則を求めるものであるが、そういう科学的な、普遍的な、法則的な考え方だけを基礎にしてゆくと世界観は抽象的にならざるを得ないのである。というのはそういうことによっては人間生活の環境の持っている歴史性を十分に把握し得ない。歴史的なものは単に一般的なものでなくて個性的である、個性的なものは特殊的なものと一般的なものとの綜合であるという性質を持っている。ところが近代的な考え方は、社会の問題にしても人間の生活にしても、世界到る所に於て同じ法則が実現されるという様に抽象的に考え、それぞれの地域に於ける民族の歴史的特殊性に注意しなかった。しかるに、自然物であってももっと具体的に観察すれば其様に抽象的なものではない事が判るので、例えば一本の草、一本の花を見ても各々別な生命を持った特殊のものである。だから芸術家はこれを自分の芸術として描き得るし、そこから芸術作品が生れる。そういう意味に於ては自然物も個性的である。勿論それを分析して奥を探ればそこに一般的法則が発見される。自然物は種々の法則の糸の一つの結び目の様なものと考える事が出来る。併し単なる結び目ではなくて、分解し得ない特殊のものがあり、その意味に於て非合理的なものがあるから個性である。カントの如きも自然の特殊化といって自然物は一般的法則に還元し得ない独得のものであると考えた。況して人間社会、人間生活を見れば一層個性的なものであることが判る。近代科学に基礎を置く世界観は一般的な法則の面を見るに急にしてそこから出てくる特殊的なものに眼を注ぐに十分でなかった。自然の中にも一種の芸術的ともいうべき個性的なものが現われているので、人間の世界に於ても法則的なものに迄行く必要はあるが、併し其事から世界到る所に同じ形のものが作られなければならないというのではなくて、それぞれのものが一種の芸術的個性的なものであるという考え方にならなければならない。自然の技術は一般的法則を基礎にしながら、一本の木、一本の花というような特殊的なものを作ってゆく。人間の技術も同様である。ものを作って行く為めには、法則の知識が必要である。併し一般的な法則を基礎にして技術的に作られてくるものはやはり一本の草、一本の花という様に具体的な個々のものである。東洋人はあまりに技術的であった為めに却って東洋では科学が発達しなかったとも云い得るのであるが、併しそれだけまた東洋的世界観は具体的であった。近代的な世界観と東洋的な技術的、芸術的世界観との統一が出て来なければならない。単に法則的な一般的な抽象的な考え方ではなく、そういうものの重要性、独自の意味を認め乍ら、それを基礎として技術的に作られてくるものが個性的なもの、芸術的なものであるという考え方が我々の生活態度の中にも出て来なければならない。これが今後我々が獲得すべき新しい世界観、人生観であろうと思う。併し技術的世界観といっても前にもいった様に昔の道具時代の考え方、世界観で現代の人生を解決し得ると思うのは間違いである。これは我々の生活環境が全く新しいものであるという事から明かである。

そこでも少し進んで道徳の問題に入って行くと、我々の道徳というものは抽象的に考えらるべきものではなく、人間生活の現実の中から考えて行かねばならない。そういう風に現実的に考えると人間の生活は総て技術であるという事が出来る。技術であるという事は要するに物を造るという事である。人間の行為は総て物を造る行為である。ものを造る為めには先ずものを知らなければならない。物の法則を捉えた者のみが物を支配し得る。ベーコンの「知は力である」という言葉、それは近代科学の根本にある考えである。知識を求めて行くという事、それが学問する事であるが、そういう学問においては道徳が大切である。例えば学者は真理に忠実でなければならない。そういう学者的良心或は主観的なものに従ってゆかなければならない。自分の主観的なものを棄てて客観的なものに従うという心構えが重要である事は今日に於ても変りはない。どれ程時代が政治的になったにしても、政治的なものに追随して学者的良心を失うような事があっては学問の発達する筈はない。学問の発達の為めには凡ゆる場合に良心的になる必要がある。今日の様に偽善者の多い時にはそういう良心が学問をする人間に於て大いに強化されなければならない。併し従来の学者的良心というものはなお抽象的であるといい得る。それは恰も近代の自由主義的な世界観が抽象的であると同じ様な意味に於て抽象的であるといい得る。それはただ知識の為めの知識という様な立場に止まって実践と結びつかない——実践というのは具体的には技術的に物を造るという事だが、そういう技術的に物を造る事と結びつかないという惧れがある。知識の為めの知識という事を強調する事によって実践から游離した学問になる危険が多い。併し近代科学そのものは根本に於て技術的な課題を追求する事により生れて来たものである。その結果停頓していた中世の経済的生産力を飛躍的に発展させる様な近代技術となって現われたのである。そういう技術的、実践的に物を造るという立場が今日の学問にとって必要である。つまり我々の当面している生活環境に於ける諸問題、そういう現実の問題に出発点をとった科学的研究が重要であるという事になる。所がこういう現実を基礎にして、我々が当面している問題に手掛りを求めて学問を研究して行くという態度は日本では十分に発達しない状況にあった。それには特殊の事情があったのである。つまり先進国の学問を書物によって勉強するという事、読書が学問の方法の中心であったという事情に基いている。其為めに当面している現実の問題と無関係に学問をして行くという態度がこれ迄の学者にはあまりに多かった。西洋の学問をする事が悪かったのではなくて、その学問の精神、即ち書物でなくて現実或は事実にぶつかって研究して行くという精神の理解が足りなかったのである。つまり近代科学の実証的な実験的な精神の理解に乏しかったといわなければならない。

技術的な観点から考えれば、いつでも技術は自分の住んでいる生活環境に組織的に働きかけこれを改造して行くという性質を持っている。従って日本で研究さるべき学問は、自然科学の面に於ては日本の持っている資源の開発、如何にしてそれを利用して行くかという問題が我々の直接の問題である。即ち自分の現在持っているものを開発して行くという態度、自分のぶつかっている問題を解決して行くという態度がなければならない。これが実証的精神の意味するものでなければならない。所が日本の科学がこれまでそういう事にならなかったのは自由主義経済の営利主義に影響されているのであって、自分の国の科学や技術の研究に金を出すよりも外国のパテントを買ってくる、外国から機械を輸入する事を利益としていたので、その為めに日本の科学や技術の発達の遅れたことは尠なくないと思う。例えばアメリカから屑鉄を買って鉄を造る方が自分の地下資源を開発するよりも営利的に一層有利であるという理由から日本の製鉄所では屑鉄の為めの機械ばかりが多いという事情にあった。併し、こういう考え方は訂正されなければならない。

そして人生に於ても、現在何になるのが一番金儲が出来るとか、出世が出来るかを目標として自分の職業を決定すべきではなくて、自分の天から与えられた素質がどこにあるか、その個性を見極めてこれを開発して行くという事をしなければならない。商人になるのが一番金が儲るというので、総ての人が商人になれば日本の国は成立って行かない筈である。芸術的な才能を持っているものはどれ程貧乏しても自分の芸術的才能を開発すべきで、つまり自分の持っているもの、与えられているものを基礎にして行く事が大切である。これは全体主義の社会になっても変りないので、人生における根本的な生活態度はここになければならない。これと同じ様に資源という問題に就ても、それぞれの民族は自分の持っている資源を開発するのが世界文化に対する貢献である。自分の持っている資源、それはいつでも歴史的特殊的なものである。そういうものを基礎にして自分の技術を発達させる。そしてその技術に結びついて特定の方向の科学を発達させてゆく。勿論、此の技術とか科学とかは近代的な技術、科学である以上本質に於て世界的な普遍性を持っているけれども、その歴史性においてはいつでも個性的なものである。そういう様な考え方、つまり人生に於て自分の個性を開発することが結局社会の為めになるというのと同じ様に、科学や技術に於ても自分の国の持っているものを基礎にして、その問題を解決するという事が結局世界の文化に貢献する所以であるという事を総ての人が理解しなければならない。世界で何が流行っているかを見てそれを真似て行く事で日本の学問が世界的になるのではなくて、日本の現実に直面している問題を真剣に研究する事によって日本の学問は世界的になり得るのであるし、世界に貢献し得るのである。そこからまたしぜんに日本的な学問が生れてくるのである。そういう考え方が人生観的な、世界観的な根本問題として理解され、それから我々の学問する態度が定まって来なければならない。

勿論今日の社会は決して昔の様に閉鎖的の社会ではない。それは封建的なゲマインシャフトとは本質的に異るものでなければならない。それは単に閉鎖的でなくて、同時に開放的でなければならない。どれ程自分の国の資源の開発を考えても、其為めに自由主義時代に発達した世界主義的なものが全く無くなる訳ではない。それは一つの国で考えて見ても同じである。例えば封建時代の様に、一つの藩なら藩でアウタルキー経済が形作られた時代に於ては生産力は十分に発達し得なかった。生産力が増大して行く為めにはそういう社会の狭小性が破られなければならないし、又近代科学はそういう社会の狭小性を破る様な技術を発達させたのである。従って技術的な或は芸術的な世界観を考えるに当っても、やはりそこは近代科学の持っている世界主義的方面を考えて行く必要がある。併しそれに止まらないで、新しい世界観が作られて行かなければならない。そういう点から考えても知識の倫理が問題である。学問の為めに学問する――学者的良心さえ持って居ればよいという事では不足で、そこに実践的な、従って広くいえば生活的な面との接触がなければならないが、併し其為めに学者的良心、科学の独自性に対する考えが鈍る様なことがあるとすれば、却って悪い結果を来たす事になる。近代科学が発達したのは、技術と結びつき乍ら一旦技術の立場を否定して独自性を自覚した事によるのであって、それによって却って技術の広汎な発展が可能になったのである。生活と結びつき乍ら、一旦生活を否定して純粋に学問の為めに学問するという立場に立って、真に生活的な真に実践的な技術的な科学が生れてくるのである。我々が人生に処して行く上でも同じであって、ただ政治に追随するだけでは却って日本の為めにならない。真の愛国者は単なる追随者ではない筈であると思う。そういう点からも生活と学問との結びつきには深い反省が加えられなければならないと思う。

そういう風に考えると、近代的な知識の新しい性質に基いて我々知識階級の新しい生活態度が出て来なければならない。というのは、封建的な或は中世的な学問の特色は権威と伝統にある。その学問はデモクラチックでなかった訳である。それは特定の階級の人間に閉鎖された学問であり、従って秘伝、秘義というものを持っていた。所が近代科学は凡ゆる人間が自分の頭と眼を以て研究してゆくことができる。デカルトが云ったように理性はすべての人間に平等に分たれている。これを基礎とする学問には何等の秘密も存しない。それは本質的にデモクラチックである。こういうデモクラチックな学問は、またそれがデモクラチックになる事によって、即ち凡ゆる人間に行亙る事によって発達し得る。つまり科学の普及、大衆化は同時に科学発展の根底になる。知識人は、そういう学問の啓蒙に対して或る程度社会的な義務を持っている。そういう近代科学の持っているデモクラチックな精神、公の性質、何等秘密のない性質が新しい道徳として獲得されなければならない。今日の全体主義に重要な意味のある事は明瞭であるけれ共、併しそれは近代デモクラシーを経て来たものでなければならない。その以前の封建的なものに還る事であってはならない。そういう意味に於て公明な精神、公共的な精神が総ての学問をする人間に大切であると思う。

此事は広く社会に就ていわれるのみでなく、学徒の組織としての学園、大学に就てもいわれなければならない。今日学園の新体制がいわれているが、その場合近代科学の持っている根本的な性質を考えて行かなければならない。近代科学の方法は誰にでも明示し得るもので、観察とか実験とか推理とかを基礎にしている。そういう客観的な方法を持っている科学に於ては、多くの人間が共働することが出来る、又分業が可能である。大仕掛な共同研究は近代科学に於て始めて可能になったのであり、又そういう共同研究によって、実際に学問は発達しつつある。そういう共同の精神が今日の学園に於て生かされなければならない。学者間の交友、学生間の交際に於てもそういう所がなければならない。所が従来の自由主義的な社会の中の一つの社会としての学校は、やはり自由主義的な弊害を持ち、学者間に於ても、個人的競争はあったにしても共同という面が尠なかった。その上日本では封建的な学問に於ける閥的なものギルド的なものが残っている。これに対しては近代科学の公共的な、デモクラチックな性質に基いて改善が行われなければならない。同時に、自由主義の弊害に対して改善を行わなければならない。所が学者がサラリーマンであるという様なこと、自分の授業さえ一時間いくらでやって行けばよいという考え方は、今日の私立大学の組織を見れば明瞭である。学生も亦先生を評価するのに、あの先生は俸給がいくらであるといっている。新しい共同精神、封建的なものと異る新しい共同精神を学園へ生かして行く事が必要である。自由主義は封建的なものとの闘争に於て近代科学を発達させることが出来たが、今日に於ては逆にその発達を阻害する桎梏になっている。そういう点に注意して自由主義的な学園の組織の改革がなされなければならない。併しただ徒に昔の伝統を復活させることが目的であってはならない。近代科学の精神を生かし乍ら我々はより高い世界観、自由主義を越えた世界観へ到達しなければならない。東洋的な世界観を生かしてゆくにしてもどこ迄もやはり、近代科学を通過してくることが必要で、これは飽く迄も強調されなければならない。近代科学の精神をしっかり把握しなければ新体制も不可能である。これによって今日日本が要求している技術の発達、生産力の増大、そして社会の改革も可能になるのである。

さてこれまで話してきた事を、最後に簡単に一つの哲学的な問題として考えて見ると、従来の世界観が法則科学を基礎にしていたのに対して、寧ろ技術的なものに結びついた世界観が生れて来なければならないという事は、更に知識の持っている根本的な性質を考える事によって理解される。真理というものはただそれ自体においてあるものでなくて表現されなければならない。これは昔から、殊にキリスト教に於ては、真理というものと言葉というものとを一つに考えている。真理はそういう様に表現される事によって具体的に真理となる。真理の体得者はそれを表現しなければならない。知と行との合一という事は真理そのものが根本的に歴史的なものとして表現的なものでなければならないという事を前提としている。従来の認識論においては、真理は客観的に存在するもので、人間がそれを発見するかどうかという事はそれにとって無関係であるというように考えた。例えば万有引力の法則はニュートンが発見する事とは無関係につねに行われていたというのである。法則科学の立場からいえばそのように考えても一応問題は解決する。併し物を作るという技術の立場からいえば一人の人間が出て真理を摑み、これを学問として言葉に表現するかどうかは重要であり、それによって始めて技術的に物が作れる様になる。電気の法則はそれが発見される前、数千年、数万年前から存在し働いていたが、併しその法則を認識する人間が出て来た後に始めて我々は電灯をつけ電車を走らせる事が出来た。そこに文化の根本的な発展があったのである。物を作る技術の立場からいえば真理が人間によって捉えられるという事、それが外に表現されるという事は決定的に重要な問題となる。科学の立場からいえばそういう法則は永遠の昔から存在して働いていたという事でよい訳である。電灯や電車の作られる前に電気の法則は存在して宇宙を支配していた。物を作るという事は知識を物において具体的に表現する事である。物の中にある知識は人間のものとなり、そして人間は物を作る事によって知識を再び物として物の中へ返す。自然の中にある法則を人間は抽象して自分の知識とし、それを基礎にして、自然のものと同様のもの、一本の草や木と同じ様に具体的な物を作り出すのである。そういう活動が人類の具体的な生き方である。知識の具体的なあり方であるといい得る。そういう風に考えて行くと真理の表現性、即ちそれが人間の世界に於てどうあるかは根本的に重要な問題である。所が従来の哲学は知識の社会に於ける在り方を問題にしないで考えていた。しかるに今いった様な立場から考えると真理の表現性ということが問題になる。真理は本来表現的なものである。真理に忠実であるという事は真理の表現性を満足させる事でなければならない。真理はそうして始めて生きた真理として人生と結びつくのである。そういう真理の根本的な性質を考える時に人生と学問とは決して無関係でない事が判る。学問と人生という問題は、根本に於ては真理の表現性を更に哲学的に明らかにして行くという問題になると思う。

（一九四一年八月）

Ⅱ　教育論

フレッシュマン

到る処、新入学の諸君に出会う季節になった。大学の新入生を意味するフレッシュマンという語は我が学生諸君の間でも日常化している。そういうフレッシュマンがいま全国各地方から東京へ集まってきて、この都会に新鮮な気分を漂わせている。

この光景に接しつつ、私は古代ギリシアのアテナイを想見する。そこには諸地方から、イタリアから、アフリカから、小アジアから、あらゆる身分の人間が知識を求めて集まってきた。今日の諸君には奇異に思われるにしても、プラトンやツキディデスの頃にはどこにも本屋がなかったことを考え給え。書物の売買はアウグストゥス時代に至るまで存在しない。アテナイによって供給された教育は、学生が実地に視るもの、聴くもの、心で捉えるものであって、読むものではなかった。もちろん近世の大学の如き組織は存しなかった。いな実に、アテナイそのものが大学であったのである。

ユニヴァーシティという語の示すように、大学のもとの意味は普遍的な知識の学校ということである。このことはあらゆる地方から出てきた人々の一つの地点における集合を意味している。あらゆる地方から来るのでなければ、どうして知識のあらゆる分科の教師と学生とが見出されるか。一つの地点に集まるのでなければ、どうして学校というものがあるか。このような、言葉の根本的な意味において、古代のアテナイ、近代のパリやロンドンは、これらの都市そのものが大学である。

大学の意味が限られた建物に存しないとすれば、今日の東京は、そのものが大学である。ここでは新聞、雑誌、書肆、図書館、展覧会、講演会、様々のものが事実において大学の機能を、即ち普遍的な知識の学校の機能を営んでいる。知識を求める者、そして知識を職業とする者が全国からここに集まっている。

印刷術の発達は大学の意義を失わせると云う者がある。だがそうではない。多数の人間が集合することによって作られる知的雰囲気の中に入り、思想を交換するということは有益である。話される言葉は書かれた書物とは違った多くのものを与える。人間的な接触、談話の価値は極めて大きい。しかし今日の大学の実際では、教師と学生との接触、談話は稀なこととなり、書物の代り得ない部分は少くなっている。それらのものは寧ろ大学以外で与えられる。今日の大学の不幸は、東京の如き都市では社会の知的水準が甚だ高まり、知的職業が拡大し、多様化し、知識人が集中し、言葉の根本的な意味において大学の機能を営みつつあるものが事実上大学の外にあるということである。

このような事実は、教育者諸氏はもとより、学生諸君も反省すべき多くの問題を含んでいる。

（一九三五年四月）

学生の風俗

風俗も時代に影響され、時代を反映するのは当然である。昔は角帽に社会的価値があり、若い女性にとっても角帽は大きな魅力であった。ところがその時代には却って大学生の中にも角帽を被らない者がいた。殊に文科の学生には角帽も持たず、和服即ち最近の流行語でいうと日本的服装で登校する者が多く、私もその組であった。しかるにこの頃の大学生はみな金ボタンの制服を着て角帽を被っているが、皮肉なもので、そういう現在では角帽も昔の価値や魅力を無くしてしまっているのである。

近来、大学予科生に対して斬髪令を発し、長髪を禁ずる傾向が次第に生じて来た。これも非常時風景の一つであろう。私どもが高等学校へ入った時分には、今や諸君は一人前の人間になったのだから何事も自治の精神でやってゆかねばならぬ、と教師からも先輩からも教えられたものであった。髪を長くすることは勿論自由であった。その時代でも中学生には長髪が禁じられていたが、この頃大学予科生に対して斬髪令が発せられているのを見ると、学生の格が一段階下げられたように思われる。これは頭髪だけの問題でない、研究の自由も生活の自由も大学においてさえ次第に縮小されて来たのである。

日本の大学で制服制帽が定められているということは、この国においては学生が特別待遇されているということとも関係がある。以前は「軍人学生優待」という札が諸所に見られたものだ。その頃は軍事専門家の勢力は今日の如くでなかったが、彼等の勢力が絶大になった今日では学生の特別待遇の意味も変って、あの「学生未成年者お断り」という札が貼られるようになったのである。

社会が変ってもイデオロギーは直ぐこれに応じて変るものでない。今日の学生の中にもなお特権階級意識をもっている者が尠くなく、それに影響を与えているものに制服制帽がある。学生だからというので特別待遇されるのはあまり善くないことで、そのために彼等の社会的訓練が欠けて来ることもあるのであるが、現在の学校は学生を軍人同様なるべく社会から分離しようとしているように見える。斬髪令もその一つの現われである。いったい我が国では綜合雑誌などにおいても「学生論」が盛んであるが、これも学生の特別待遇の一種である。それは社会的にはインテリゲンチャが如何に乏しいかを、そして政治的にはデモクラシーが如何に発達していないかを示すものであって、幸福なことだとはいえない。

（一九三七年四月）

学生に就いて

一

近年慣用される言葉の一つに「事変後の学生」という言葉がある。それは云うまでもなく満洲事変後において高等の学校へ入った学生のことである。今年あたりから大学なども殆ど全部かような事変後の学生によって占められることになるのであるが、最近数年間は事変前の学生と事変後の学生とが次第に交替していった時期であった。その間において満洲事変を境として学生がかなり明瞭に二つの層に分れることが観察され、「事変後の学生」という名称が生じたのである。事変後の学生はいわば一つの「世代」を形作り、一定の特徴によって以前の世代から区別される。この世代の形成には満洲事変、その後における日本の社会的並びに政治的情勢、国家の文化政策、特に教育政策が重要な影響を及ぼしている。この事情を無視して今日の学生を論ずることはできない。私はいま主として彼等の知能を問題にするのであるが、知能の問題はもとより身体並びに道徳の問題と密接に関聯して居り、それらを分離して考えることは不可能である。

満洲事変後において国家の文化政策教育政策は次第に著しく積極化した。この積極化によって果して今日の非常時における国家の必要とするような学生が作られているであろうか。事実はこの場合最も有力な批評者である。学生の健康が極めて憂うべき状態にあることは当局ですら認めざるを得ない事実である。しかし単に健康のみではない、学生の知能も低下してゆく傾向にあることは彼等の教育に従事している者の多くが気附いている事実である。しかも問題はそれに留まらない、更に道徳の方面においても同じことが見られるのではないであろうか。即ち国家の文化政策教育政策の積極化の結果は、国家の必要とする人間とは反対のものを作り出しつつあるように思われる。ひとはそこにファッショ政策の自己矛盾があると云うであろう。

今日の学生論の多くは一見リベラルな立場から書かれている。けれどもそれが果して真にリベラルな立場に立っているかどうかは疑問である。なぜならそれは殆どつねに「教育者的」立場から書かれている、しかるに教育者的立場は容易に「当局的」立場になり、批判性を失い得るものである。現代学生の知能の問題に就いても、論者は一見リベラルな見方をし、種々好意ある解釈を加え、かくて学生をあまやかし、学生に媚びようとすらしている。そこにはもとより青年を失望させまいという善い意図が含まれるであろう。青年から希望を奪わないことは大切である。けれども現代学生の状態を強いて好意的に解釈し、そのために彼等をこの状態に導くに至った外的原因、即ち今日の社会的並びに政治的情勢、特に政府の文化政策教育政策を顧みないというようなことがあってはならぬ。学生論が教育者的見地に立ち、学生にのみ向けられる場合、知らず識らずかような結果になるのである。学生の問題はもちろん彼等自身の主体的な問題である。人間はつねに自分自身に対して責任をもっている。しかし同時に彼等の状態は外的諸件に依存している。ただリベラルな教育者的見地に立つ学生論は、学生の現在の状態を単に社会的原因にのみ帰し、そのためにまた彼等をあまやかすのと同様、間違っている。

二

私の知人の某教授は、今日の学校は一階級ずつ低下し、高等学校が中学になり、大学が高等学校になった、と云っている。かような低下は直接にはいわゆる「知識」に関することではないであろう。低下したのは主として学生の「知能」である。知識と知能とが関係のないものでないことは明かであるが、両者は一応区別することができ、また区別して考えなければならぬ。

例えば今日の高等学校の生徒にとっては大学の入学試験が大きな問題であり、その準備に多くの力が費されている。それはちょうど昔の中学生が高等学校の入学試験に対するのと同じである。また以前は高等学校へ入れば家庭においても学校においても独立の人格として認められた。しかるにこの頃では、息子の大学の入学試験に対する親たちの態度はちょうど以前の中学生が高等学校の入学試験を受ける場合と同様であるとすら云われている。生徒に対する学校の干渉はまさに昔の中学以上である。入学試験準備のために読書はおのずから制限されるであろう。この準備勉強によって高等学校生としての所謂学力は低下しないにしても、それが知能の発達に益しないことは屢々云われている通りである。試験準備の勉強は学問に就いて功利主義的な或いは結果主義的な考え方を生じ、かような考え方は知識慾を減殺するのみでなく、知能を磨く上に有害である。昔の高等学校の生徒は青年らしい好奇心と、懐疑心と、そして理想主義的熱情とをもち、そのためにあらゆる書物を貪り読んだ。我々の知る限り、読書の趣味は主として高等学校時代に養われるものである。この時代に読書の趣味を養わなかった者は一生その趣味を解せずに終ることが多い。しかるに今日の高等学校の生徒においては、彼等の自然の、青年らしい好奇心も、懐疑心も、理想主義的熱情も、彼等の前に控えている大学の入学試験に対する配慮によって抑制されているのみでなく、一層根本的には学校の教育方針そのものによって圧殺されている。現在の教育政策は青年の好奇心や懐疑心や理想主義的熱情、すべて知的探求の原動力となるものを抑圧することに向けられている。例えば青年の理想主義的熱情はヒューマニスティックな感情から発するのがつねである、それは社会のうちに矛盾を見出し、現実に対して批判的になることから出てくるのであり、そこからこの社会に就いての認識を深めようという知的努力も生じてくる。しかるに今日の学校ではこのように社会を批判的に見ることを禁じているのである。そこでは学問そのものも批判的であることを許されていない。批判力は知能の最も重要な要素である。批判力を養成することなしに知能の発達を期することはできぬ。しかるに今日の教育は青年の批判力を養成しようとは欲せず、却って日本精神や日本文化に就いての権威主義的な、独断論的な説教を詰め込むことによって彼等の批判力を滅ぼすことに努めているように見える。日本精神や日本文化に就いて講義することが必ずしも悪いのではない。その独善主義的な、教権主義的な教育が青年の知能を低下させている事実を我々が黙視し得ないのである。

或る大学生の話によると、事変後の高等学校生は殆ど何等の社会的関心も持たずにただ学校を卒業しさえすれば好いというような気持で大学へ入ってくる。それでも従来は、大学にはまだ事変前の学生が残っていて、彼等によって新入生は教育され、多少とも社会的関心を持つようになり、学問や社会に就いて批判的な見方をするようになることができた。しかるに事変前の学生が次第に少くなるにつれて、学生の社会的関心も次第に乏しくなり、かようにして所謂「キング学生」、即ち学校の課程以外には「キング」程度のものしか読まない学生の数は次第に増加しつつあると云われる。我々は必ずしも学校がかような学生の出来ることを歓迎しているとは考えない。しかし青年の理想主義的熱情を圧殺することは彼等を現実主義者乃至功利主義者に化することである。学校の課程以外の勉強に

「無駄な」労力を費すことをなるべく避けようとする功利主義から、或いは社会的関心を持つというような危険なことからなるべく遠ざかろうとする現実主義から、彼等は「キング学生」になるのである。彼等の現実主義功利主義から彼等の知能の低下が生じてくる。学生が理想主義的熱情を失ったということは、今日の社会が彼等に夢を与えるようなものでないということのみに依るのではない。真の理想主義は人生及び社会の現実を直視し、その矛盾を発見するところから生れてくるのである。現実の醜悪に就いての仮借することなき批判的認識が最も高貴な理想主義の源泉であることは歴史のつねに我々に教えることである。学生の批判力を殺してしまっておいて彼等の功利主義を責めることは矛盾である。日本主義は理想主義ではないのであろうか。聞くところによると、この頃の教学では日本主義を「理想主義」と考えることすら異端として排斥されているそうである。それ自身は真に現実主義的である学問の根柢にはつねに理想主義的熱情がある。しかるにそれ自身は理想主義的であることを欲しない日本主義は現実そのものに就いては架空の理想主義的な見方で満足しようとしているように見える。両者はどこまでも両立し得ないものであろうか。「キング学生」は必ずしも学校の成績が悪くはないかも知れない。現在の学生はむしろ学校の成績に対して甚だ神経質になっている。「高文学生」といわれる種類の学生、即ち高等文官試験にパスすることを唯一の目的として勉強する種類の学生の数は殖えているであろう。しかしかような勉強は何等批判の伴わない勉強であり、それによって知能が向上しているとは考えられないのである。卑俗な現実主義は人生においてただ間違いのないことをのみ求める。詩人は云った、「人は努力する限り誤つ」、と。間違いがないということは真に努力していない証拠であるとすら云うことができる。「間違いのない」学生が次第に多くなってきたということは果して悦ぶべきことであろうか。燃えるような攻学心は彼等の間において次第に稀薄なものとなっている。

今日の学生が勉強しないのは彼等の将来に希望がないからであると云われている。彼等に向って、もっと勉強せよと云うと、何のために勉強するのかと問い返されて困るということは、多くの教師から屢々聞かされることである。私はむしろこの反問そのものが余りに功利主義的であるのに驚かざるを得ない。彼等は何故にその「何のために」という問をもっと徹底させないのであるか。勉強しても喰えるようになれないというのが今日の状態であるとすれば、何故にそのような社会の状態の原因に就いて追求することをしないのであるか。そしてその原因が分れば、何故にそれの排除のために闘うということに意味を見出し得ないのであるか。或いはその「何のために」という問を哲学的に考えて、人は何のために生きるのであるかということを根本的に問おうとはしないのであるか。功利主義者ミルでさえ、幸福な豚となるよりも不幸なソクラテスとなることに真の幸福を見出したのである。学生の知能の低下は彼等に社会的関心が少くなったことに関係している。社会的関心が盛んであれば研究心も盛んになってくることは嘗てのマルクス主義時代の学生が証している。しかるに今日の日本主義的学生は概して頭脳も悪く、また勉強しないと云われている。これに反して頭脳の善い学生は功利主義的となり、社会的関心を失っている。かくの如きことは日本主義のためにも決して慶賀すべきことではないであろう。教育当局はそこに矛盾を感じないのであるか。

三

尤も今日の学生の知識は以前の学生に比して必ずしも劣っているとは云えないであろう。物を知っている量から云えば、彼等はむしろ勝っているであろう。しかしそれは彼等自身の功績でなく、却って社会の進歩の結果である。新聞雑誌の発達、書物の普及、その他によって、今日の青年は無雑作に、或いは知らず識らずの間に知識を集めることが出来る。しかしそのために彼等の「知能」が以前の学生に比して進んでいるとは考えられないのである。先祖が蓄積した財産に寄食して豊かに生活している者が先祖よりも優れていると考えられないのと同じである。ところが今日の日本主義というものは、先祖の文化の遺産に寄食すべきことを人々に勧めているのである。そこでは新しい文化を生産することよりも過去の文化を反覆することが問題になっている。そのうえ日本精神とか日本文化とかいうものは学ぶに苦労を要しないもののようである。日本主義的学生にとっては頭脳も勉強も問題でないように見える。カント哲学を理解することは困難であるけれども、今日行われている日本精神の講話や日本文化の講義はどのような学生にも理解し得るものである。ドイツ語で書かれ、しかも難解で厖大な『純粋理性批判』を一冊読み上げることに比しては、日本精神に関する現在の書物はもとより、過去の日本人の書いた書物を読むことは容易である。困難があるにしても、それは主として言語上乃至文献学上のものであって、理論的なものではない。いわゆる思想善導はこの点から云っても学生に苦しんで思索することを教えるものでなく却って反対である。日本主義はみずから非合理主義を標榜しているのである。思想善導の結果が学生の知能の低下となって現われても不思議はないようである。

断片的な知識をどれほど集めても真の知識ではない。かような知識を積むには多くの知能を要しない。真の知能は理論的なものである。理論的意識なくして知能はなく、また真の知識もない。今日の学生は種々のことを知っているが、何事も根本的に知っていないと云われている。彼等の知能の低下というのは理論的意識の貧困に関係している。理論的意識は組織的な体系的な精神であるばかりでなく、批判的精神である。しかるに今日の学生の間に次第に著しくなりつつあるように見えるのは一種の権威主義である。いったい我が国ほど「権威」という言葉が濫用される国はない。学問の精神は権威の精神とはむしろ反対のものであり、権威を承認せず、権威を破壊するところに学問の精神があると云えるであろう。現在の権威主義は学問における官僚主義の現われである。政治において官僚主義が濃厚になるにつれて、学問の世界においても同様の官僚主義が濃厚になりつつあり、批判的精神を奪われた学生は次第にかような官僚主義に感染しつつあるように見える。

学問における官僚主義の結果は研究の自主性の喪失である。かような自主性の喪失はまた知能の低下を結果するのである。例えば今日、「何を読むべきか」という質問が絶えず学生によって発せられている。かような質問が今日ほど熱心に発せられたことを私は知らない。この質問に対して与えられた解答に従って彼等がどれほど熱心に読書しているのか、私には疑わしい。私の確実に感じ得ることは、この質問そのもののうちに現われている権威主義である。今日の学生はその読書に就いてすら自主性を失っているのではなかろうか。それともそこに現われているのは、読書において無駄を省こうとする功利主義なのであろうか。自主的な研究は自主的な読書に始まる。自分で研究しようと思うことが決ってくれば何を読むべきかもおのずから決ってくるのである。また読書においてあらゆる無駄を省こうとすれば結局何も読まないことになる。学生の時代はむしろ大いに無駄な読書をするのが好いのである。読んだものが無駄になるかならないかはその人の知能によって定まることであるとも云えるであろう。大きな学問とは無駄のある学問のことである。少しの無駄も書いてないような名著というものがあるであろうか。要領よくやろうとすることは学問においては禁物である。

知能の低下の最も大きな原因をなしている批判的精神の欠乏の原因が今日の学校におい

て研究の自由が束縛されていることに存するのは云うまでもない。従って学生の知能の低下の問題は根本的には研究の自由の問題から分離して考えることはできぬ。研究の自由の存しないところに知能の向上は望めないのである。

もちろん私は今日の学生のすべてに就いて知能の低下を云っているのではない。今日においても真面目に本当の勉強をしている学生の存在することを私も知っている。また私は今日の大多数の学生がファッシズム的教育に内心から同意しているものとは考えない。不幸なことは、彼等は自分で内心思っていることと公に云うこととを別にせねばならぬということである。そのことは彼等の良心をスポイルすることにならないのであるか。そしてそのことは真理に飽くまで忠実であるべき学問の精神をスポイルすることにならないのであるか。かくして学問の問題は必然的に道徳の問題に関係してくる。「知育の偏重」を排して道徳教育を重要視する論者もこの点に就いて深く反省すべきである。(一九三七年五月)

現代学生と思想の貧困

時代と思想

時代を救うには先ず思想がなければならぬ。今日の時代ほど思想を要求している時代はない。しかるに思想の自由が極度に狭められているのがまた今日の時代だ。要求されているに拘らず、狭められている……これが現在の偽らざる状態である。尤もこのように思想の自由を狭めているものも一つの思想を持っているのである。だがそうした思想が今日の世界を救い得るかどうかには問題が存する。唯目前の目的に支配されているということ、今日程ひどいことはない。遠い、広い見渡しをもった思想というものが次第にうすらぎつつあるのではないか。政治もそうだが、思想に於てもつねにそれは広く遠い見渡しを持ったものでなければならぬ。何らかの意味に於て思想がなければ時代が救われぬとしたならば、現に今日の時代に行われている思想が果して此の時代を救うに足るものであるかどうか。自由主義では最早や今日の経済は成り立たぬことは明らかであろう。マルクス主義も改造せられなければ此の時代の要望に副うた思想とはならない。それでは今日の時代の流行ともいうべきファッシズムはどうか。勿論ファッシズムに依っては到底今日の時代、今日の世界を救うことができぬ。ファッシズムは明かに自己矛盾だ。ファッシズムに依っては世界全体を救うことは到底出来ない。世界史的な観点こそ最も必要である。ファッシズムは決して全体主義ではなくて明かに一つの階級的観点に立っている。ファッシズムの云う全体とはそれは自己だけを全体とするものでしかない。今日の時代を救う思想は、最も広い意味でのデモクラシーであると私は考える。之までのインタナショナリズムの考え方は、先ず自己というものから出発して、然る後のインタナショナリズムであった、従ってそれは個人主義と同じ論理に帰着すると云ってもいい。そういう意味のインタナショナリズムでは今日の世界を救うことは出来ない。僕の云う世界主義とは、逆に世界を前提することから出発する。民族とか、伝統とかの問題も世界史的な観点から考察されねばならぬ。

学生と思想

学生と聯関してすぐ思想が問題にされるのは社会の一大不幸だ。また学生の政治運動が特別盛んに起るということは、それだけ一般社会の政治的意識が進んでいない証拠とも見られるので、つまり民主主義が充分に発達しなかったということの現れである。学生は政治についても高き教養をもたねばならぬ。然るに唯学生といわず一般に我が国において最も欠けているのはこの政治的教養である。最近学生の間に高文型とも称すべき型の学生が増加しつつあるようだが、試みにその高文学生と政治との関係を最も形式的な点に於て考えて見てもそのことが判る。いわゆる高文学生は現実の政治に対して無関心であり得るのみでなく、学問的にも乃至教養的にも政治とは無関係で済ませることが出来、それで立派に彼等の欲する通り高文試験をパスすることが出来、行政官になることも出来る。是らは何れも我が国においては自由主義が充分に発達するに至らず、従ってまた政治教育の伝統が乏しいことに依るのは云うまでもない。学生は学生として特殊性をもっている。学生はその教養によって一般人とは異っている。学生はやがて大衆の中にあってその教養において生活しなければならぬ。そして学生をも含めて教養階級にとっては謂わば最も常識的であるべき教養は政治的教養でなければならぬ。再び云うが、学生は政治的思想について高き教養がなければならぬ。そのためには研究の自由が先ず保護されなければならぬ。研究の自由ということがなければ学生としてかかる目的を遂行すること能わず、従って学生の意味がなくなるわけである。幸い学生は一般に経済的な心配も少く、勉強出来得る時間を持っているのだから、この恵まれたる状態に於て能率を発揮させるためには研究の自由ということに重点を置かねばならない。若しその自由が狭められているなら、その自由のための闘いが必要であろう。日常的な生活行動の隅においてもこのような心構えこそ今日の時代には特に必要であろう。先ず君達の周囲からこうした問題を反省して行くことが必要だと思う。

思想の貧困

われらの大学生活を送って来た時代は、思想的には丁度吉野作造氏等の所謂デモクラシー華やかなりし時代であった、大正六年から九年へかけての時代、つまり日本の資本主義が日露戦争を一契機として飛躍的な発展を遂げ、それがやがて最初の経済恐慌となって現れるまでの時代であった。この時代の学生を支配していた思想はやはり吉野氏等のデモクラシーの思想であった。そしてその時代の学生の思想的な苦しみはどちらかと云えば極めてヒュマニズム的なものであったといえよう。かの時代は今日に比べて思想的政治的な衝動は割合少なかったといえる。いわば茫漠たる哲学時代でもあった。けれどもそこに於ては、人間への、人生への、社会への思索が真剣に行われていた。而して現代の学生はどうか。現代学生の最も著しい特徴は、政治への、社会への思想的関心が急激に衰えつつあるという点であると思われる。よしんばそうした関心があるにしろ、それが未だ本当にインテレクチャライズされていない、理論化されていないところが多いように思う。今日の時代はいやでも思想的社会的関心を持たざるを得なくなっているのであるが、この場合の学生一般の関心の程度というものは極めて原始的、衝動的なものに終っていることは充分に戒心せねばならない。それを「知性的」ならしめることによって始めて学生としてのインテリゲンチャとしての、それにふさわしい思想的、社会的関心となるのである。また一面に於て今日の学生は「政治」に対する「思想」に対する恐怖症に陥っているのではあるまいか。その原因としては（一）マルクス思想に対する弾圧、（二）ファッシズムの攻勢、（三）政治の非民主化……等を挙げることが出来るであろう。しかしここで特に一言しておきたいのは「政治」の概念である、即ち「政治」の概念を改めてかかることが先ず必要であろう。従来我が国のインテリゲンチャの間にはなお、政治とは大臣になったり、革命を起したりするような何か異常特別なことのように考える風が残っている。今日の情勢において政治運動は困難にされている。このとき政治に関心することは極めて危険なことであり、努めて回避せねばならぬことと考えられる。インテリゲンチャが最も多く参加したあのプロレタリア運動に対する打ち続く弾圧は、政治と云えば直ぐに何か怖いもの、危いものと考える習慣をいつの間にか作ってしまった。併しながら政治とは決して何等異常特別なことであるのではない。政治とは寧ろ最も日常的なものなのである。この意味では人間の日常生活がすべて政治的意味を持っていると云ってもいいのである。自分達の周囲のどんな些末な日常的行動の隅に於ても充分政治的思想的行動を伸ばし得る筈であり、そしてこうした態度こそ今日に於て何より必要であると思うのである。

要するに学生もまた一個の社会人だ、従って学生もまた社会人としての自覚を持たねばならない。学生に於ても可能な社会的な関心が充分あり得る。学生としては先ず将来社会へ出て活動する準備が必要であろう。そのためには、時代の、歴史の認識ということについてもっと真剣に考えねばならない。最近のように個人というものの枠内に沈淪して行くというような傾向は悲しむべきことだ。いくら個人の中に沈淪して見た所で結局果てしのないものであることを反省する必要があろう。現代は文化の自由を求めることなしには自分を文化人として教養し得ないのである。時勢への追随こそ最も排撃しなければならない。今日の学生諸君に望みたいのは、真理のために犠牲になるという精神である。そういう意味での理想主義的精神こそ特に青年には必要である。不安とか懐疑とか、デカダンとか云っていたうちはまだいいが、今日のように無批判的ナンセンス的学生の増大しつつある傾向を見ると、学生の最後の段階に来ているともいえよう。学問の研究者にとって、真理に殉ずるという、そうした精神がなくなることは、自己の存在の意味を自ら失うものである。元来学生は学問の研究者である。学問本来の精神からもこうした精神がなければならず、また青年という若き世代にある人間としてもこうした精神が特に必要であろう。

要するに自分達が社会に対して持っている使命を根本的に自覚して行かねばならぬ。人生の意味とか、そうした昔の人の考えた哲学的思索さえ今の学生には失われつつあるのではないか。学生は「学ぶ」という学生の当然の権利を抛棄してはならない。自分の求めているものが果して学校から与えられているかを考えて見なければならない。そして若し与えられていない場合には自ら進んで之を批判的に補って行かねばならない。こうした一切のものを含めて思想的政治的関心というものは自己の周囲の極めて日常的な場面に於ても表明して行くことが現に可能である。自己の周囲の可能なことから出発して行くという、こうした心構えこそ今日の学生にとって何より必要であると思うのである。

（一九三七年五月）

哲学と教育

一

哲学と教育との関係について先ず考えられることは、科学の一分科としての教育の基礎附けの問題である。教育の学的基礎附けには哲学が必要であり、教育学の全体系はこの哲学的基礎附けに制約されているのであって、従って哲学の研究は教育家にとって大切であると考えられる。それは就中新カント派の哲学者、ナトルプその他によって力説された所である。

この認識は疑いもなく正しいであろう。しかし私が今主張しようとすることはその点に関していない。蓋しこの認識は現在我が国において十分に普及しており、そのために寧ろ弊害すら生じているほどである。我が国における哲学の読者の重要な部分は教員であると云われている。これは固より喜ぶべきことに相違ないが、またその結果、教育における方法論の偏重、従って教育の形式化乃至抽象化、或いは教育の流行哲学への無批判的な追随

（現象学的教育学、弁証法的教育学、全体主義的教育学、等々の簇生）なども見られるのである。

次に哲学と教育との関係について考えられることは、哲学の一部門としての教育哲学の建設の問題である。右の第一の関係が主として教育家に対して要求されるに反し、この第二の関係は主として哲学者に対して要求される。即ちこの場合哲学者は、法律哲学、芸術哲学等を建設すると同じように、教育哲学を建設することが必要であると云われるのである。

この要求も勿論理由のあることである。我が国の哲学研究者の間では最近特に体系への意図が顕著である。これは確かに喜ぶべきことに相違ないが、しかしそのために例えば哲学史の研究の如きが不当に軽視され、専門の哲学者の間においてすら哲学史については非科学的なディレッタント的取扱い方が見られるという有様である。しかも体系的と称する哲学もその内容が何等組織的に分化していないということが、日本の現在の哲学に特徴的なことである。教育哲学の如きは殆ど真面目に問題にされていない。体系の力は分化することにおいて証され、統一の力は多様なもののうちにおいて示されるのではないか。分化しない体系というものは考えられない。しかし私が力説しようとすることは教育哲学の問題に関していない。

私が今主張しようとするのは却って哲学は教育であるという単純な命題である。それは哲学の一部門としての教育哲学の問題でもなければ、科学の一分科としての教育と哲学との関係の問題でもなく、却って哲学が謂わば全体として教育であるということである。従ってそれは哲学の組織に関するよりも哲学する精神そのものに関している。この頃我が国においては「科学的精神」について種々論ぜられて来たが、「哲学的精神」については未だ十分に反省されていない。私が今取上げようとするのはこの哲学的精神の問題である。

その際我々は、近年民族主義的思想の影響のもとに我が国において行われつつある一つの俗説を払い退けなければならない。即ちそれに依れば、西洋の哲学は単なる「学」であるに反して東洋の哲学は行動性を含む「教」であるというのである。もし教ということを、それがおのずから理解させるように、宗教的意味に取るとき、東洋の仏教哲学は固より支那哲学の或るものも教であるとすれば、西洋においても中世のキリスト教的哲学は勿論、ギリシア哲学の或る部分も教であると見ることができる。それはともかく、もし教ということを教育の意味に取るならば、教であるのは東洋の哲学のみでなく、ギリシア哲学を端初とする西洋の哲学も教であった。然るに特に注意を要することは、ギリシア以来「学」であろうとした哲学は「教」も学的基礎と学的内容とを有することによって初めて真に教であり得ることを自覚したということである。この自覚がまさに哲学的精神にほかならない。東洋の哲学は教であるに反し西洋の哲学は学であるという風に簡単に区別する俗説はこの自覚の重要な意味を理解しないものである。それは我が国の現在の教育が智育偏重であるとする俗論と軌を一にするものと云わねばならぬ。

二

哲学はその端初において教育であった。哲学の端初はギリシアに存し、ギリシア哲学の歴史において、従って一般に哲学の歴史においてソクラテスが比びなき位置を占めているとすれば、その最も大きな意義は、哲学は教育であるということが彼において真に体現されたところにある。ソクラテスにおいて哲学は、従来民族的宗教を地盤として国民の教育を司って来た悲劇文学に代り、深い自覚をもって国民の教育を身に引受けたのである。ソクラテスの人格には何か予言者に似たものがあった。しかし彼はそれ以上のものであった。彼の偉大さは、自己の教説を啓示されたものとして人々に信仰を押し付けることなく、却って人々が彼等自身の活動によって真理を探るように要求し且つ指導したところにある。エドゥアルト・マイヤーがその名著『古代史』の中で述べている如く、ギリシア精神の発展は新しい宗教に至らず、ただ学問の創造に達せざるを得なかったのであるが、かかる学問の創造とソクラテスの人格とは離れ難く結び附いている。彼の活動は本質的に教育的であった。そして真の教は真の学でなければならず、真の学は真の教でなければならぬという事が彼の発見であったのである。

かくの如く哲学はその端初に従って教育であるのみでなく、その本質においても教育でなければならない。蓋し端初が真に端初の意味を有するのは、そのうちに発現した本質の力によってである。哲学は全体の学であると云われている。それは個々の専門的知識でなく、却って全体の知識であり、普遍的考察を意味している。しかし哲学はつねに単なる普遍的考察以上のものであろうとする衝動を有した。実際、もし哲学とはただ全体の学であるとするならば、今日学問的宇宙が個々の特殊科学に分割されてしまった後においては、哲学はもはや死んだものとも考えられるであろう。しかも他方、それらの個別科学の認識も無数の糸をもって全体に繋がっており、専門的に特殊領域を研究しながらつねに普遍的考察に向っている限り、それらは哲学であると云われることができる。事実、もし最上の哲学とは普遍的で同時に具体的な知識であるとするならば、今日における最上の哲学者は所謂哲学者でなく、寧ろ特殊科学者、経済学者や歴史家、物理学者や数学者であると考えることもできるであろう。

しかしながら哲学は、古くから単なる普遍的考察以上のものであろうとした。言い換えると、それは世界観を与えようとした。世界観は固より全体の把握、普遍的考察を意味している。しかし世界観は同時に価値判断を、価値の体験された位階の設定を含んでいる。即ち哲学は客体的に把握された「世界像」を含むのみでなく、まさに「世界観」として世界の主体的な把握であり、かかるものとして価値判断を含んでいる。新しい哲学の出現はそれ故に世界像の変革であると同時に「価値の転換」（ニーチェ）を意味するのである。

かように価値の位階の設定者、価値の転換者であるところから、カール・ヤスパースは、哲学は「予言者的哲学」として本来の哲学であり、その点において科学から区別されると見ている。この予言者的哲学の理念は、科学についてのマックス・ウェーバーの所謂「没価値性」の理念に関聯している、即ち一方科学に対して価値判断から自由であることを厳しく要求するだけ、それだけ他方哲学に対して価値秩序を決定することが烈しく要求されるのである。

然るに歴史的社会的実在に関する科学に対して一切の価値判断からの独立を要求することが少くとも不可能であるに近いと同様、あらゆる哲学者に対して予言者であることを要求するのは少くとも極端に過ぎるであろう。科学者と哲学者とが別の型に属する如く、哲学者と予言者とは別の型に属している。偉大な哲学者には固より何か予言者的なところがあるであろう。しかし彼は哲学者として単に彼の信仰を伝える者でなく、飽くまでも認識を求める者でなければならぬ。同時に彼にとって学は教である。即ち我々は哲学の理念を予言者としてよりも寧ろ教育者として考うべきである。

三

哲学者は責任を負わない観想者でなく、世界を動かす者、世界を形成する者でなければならない。かかるものとして哲学者は教育者でなければならない。なぜなら教育の本来の意味は形成ということであるから、教育者である哲学者の人格のうちには時代と、その運動と、その問題とが現在的でなければならない。彼は時代を曇りなく明かに且つ最も実体的な仕方で表現する者でなければならない。時間的なものを「永遠の相のもと」に眺めるのでなく、寧ろ永遠なものを「時間の相のもと」に実現するということが教育としての哲学の理念でなければならない。

云うまでもなく、教育としての哲学は学校教師になるための哲学教師用の哲学のことではない。今日我が国の哲学はこの全くトリヴィアルな意味において教育的、余りに教育的であることによって本来の哲学的精神を喪失していると云えるであろう。職業的な教師気質の制限から脱却することによって哲学は却って真に教育的な、言い換えると、世界を、社会を、人間を形成する力としての哲学となり得るであろう。

哲学が行為の立場に立たねばならぬということは今日我が国の哲学者の間で殆ど全く常識化している。然るに行為は一般的な抽象的な行為があるのでなく、つねにただ具体的な歴史的な行為があるのみである。従って真に自己の責任において行為の立場に立とうとする哲学者はこの現代の、我々の棲息する社会の問題に対して身をもって解決に当る決意から哲学しなければならない。時代の問題を回避し、その解決に対して責任を負おうとしない哲学が如何にして行為の立場に立つなどと云い得るであろうか。教育はただ現実に存在するものを相手としてのみ行われることである。かかる相手とは我々が自己の周囲に見出し且つ我々がその中に生活している現実の、この現在の社会以外のものでない。哲学は固より時間のうちに沈没してしまってはならない。しかし時間のうちに、時間のうちから輝き出ないような永遠が真の永遠と云い得るであろうか。

哲学は教育として自己自身に対し、また時代に対し責任を負わなければならない。然るに今日我が国の若い世代の哲学者の間において著しい現象となっているところの、マンネリズムに化してしまった所謂弁証法は、弁証法と称する抽象的な哲学は、落ちが最初から分っている下手な落語のようなもので思弁の遊戯となり終り、我々の時代に対する何等の決意を示していないのである。私は固より弁証法に反対するのではない。しかし、弁証法こそマンネリズムを排斥し、思惟の限りなき緊張を要求するものであるにも拘らず、それが一個のマンネリズムに化してしまっている今日の我が国の特に若い世代の哲学界に対して不満と疑惑とを表明せざるを得ないのである。それは哲学的精神の喪失であるとまでは云わないにしてもその沈滞を意味すると云われないであろうか。

哲学は自己の本質に生きるために端初の精神に還らなければならない。端初が偉大であるのは単に端初である故でなく、端初が最も純粋に本質を現わしている故である。哲学はその端初的本質において教育である。そのことは今日哲学が所謂思想善導の哲学となることを意味するのではない。ソクラテスは決して所謂思想善導家ではなかった。却って彼は青年を誘惑する者として、伝統的な宗教を破壊する者として告発され、牢獄において死なねばならぬ運命におかれたのであった。この謂わば思想悪導家がしかし人類の歴史における真の思想善導家となったのである。そこに歴史の弁証法が存在するのであって、かような弁証法を離れて哲学的精神は存在しないのであろう。弁証法は単なる思惟の論理でなく、実在の運動の形式であるとすれば、それは自己の生活と活動とのうちに表現されるのでなければならぬ。科学の一分科としての教育と哲学との関係、また哲学の一部門としての教育、哲学の問題が、今日の不毛な非生産的な状態から脱するということも、哲学的精神の昂揚を俟って初めて可能なことである。哲学は政治でないにしても教育でなければならない。

（一九三七年八月）

時局と学生

何だか落附かなくて勉強が手に着かないという、——これが恐らく多くの学生の偽りのない気持であろうと思う。そしてそれは尤もな気持である。

かような気持でいるよりも、どちらかに何とか決めて貫いたい、速く決ってしまった方がどれだけ楽か知れない、と考える者も多かろうと思う。しかしここまで来ると、すでにそのうちに危険が含まれている。不安は人間を焦躁せしめ、そして焦躁は人間を衝動的ならしめる。そのとき人間は如何なる非合理的なものにも容易に身を委せ得るのである。かくて嘗て多くの独裁者は人民を先ず不安と恐怖とに陥れることによって彼等を自己の意のままに動かそうとしたのである。

不安は人間を衝動的ならしめるという心理学的命題は、今日、知識人をもって任ずる学生諸君が深く理解しておかねばならぬことである。この命題が妥当する現在こそ、諸君は愈々諸君の知性を研ぎ澄ますことが必要になっているのである。不安は知的探究の拍車とならねばならず、その場合において意味をもっている。

時局のことなど気にしないで学業に専心することが大切だと教える者があるかも知れない。この言葉は恐らく諸君にとって慰めとはなり得ないであろう。それは戦場とは関係のない老人の言葉だ。諸君はもちろん決して研究を抛棄すべきでない。現に戦乱の巷に踏み留まって研究を継続しつつある上海自然科学研究所の新城博士等の活動に我々は感激を感じる。銃を執る日が来るまで我々は研究を止めてはならない。我々は不安のために衝動的になることなく、我々の精神の平静を愈々確保して我々の研究を進めなければならない。すべての知識人が確保されたその精神によって結び付くことがこの際最も肝要である。戦争は文化にとって決して好都合なものではない。しかし文化の荒廃の中において最後まで防ぎ続けられる一粒の純なる種子からいつかは大きな幹を生じ、花を開くこととなるのであって、各人がこの一粒の種子となる覚悟が必要であろう。

しかし時局に対して眼を蔽うことは不可能である。今度という今度は、もはや誰一人も逃れ難く歴史の車輪の動きの中に引き入れられざるを得ない状態に立ち到っている。あらゆる気休めは自己欺瞞である。しかしその運動の中に入ることによって唯衝動的に動くことは最も警戒すべきことである。事態が近ければ近いほど我々はそれを冷静に認識することに努力しなければならぬ。

通信機関は極度に発達した。しかるにまさにその今日においてほど事実が知り難くなっていることもないのである。我々はこの事を先ずつねに心に入れておかねばならぬ。現象に追随してゆく実証論が今日ほど危険になっていることも稀である。今日の実証は明日の実証によって破られるであろう。このとき我々の頼り得るものは理論である。理論の力に対する信頼が今も変らず知識人の誇りでなければならぬ。

戦争は政治の延長であり、政治の一つの形式である。このことは戦争の長引くにつれて、或いは戦争が一旦終結した後において益々明瞭になるであろう。個々の戦闘に心を奪われて全体の戦争のことを忘れることは固より、戦争という特別の現象にのみ注意して政治の全体の動向を見逃すようなことがあってはならない。今日の政治は戦争に従属しなければならないと我々の政治家は云う。しかし事実はまさに逆であって戦争は政治に従属しているのである。従って我々は何よりも現代の政治について正しい認識を獲得しなければならず、それによってこそ戦争の意味も把握し得るのである。諸君の先ず身に着けねばならぬ武器は知性である。それが武器としては小さいものであるにしても、諸君の有する最小のものを抛棄しないことが大切である。

（一九三七年九月）

技術と大学の教育

「人間の自然的素質の規整された発展を助ける手工業技術が存在するのを知ることが早ければ早いだけ人間はそれだけ幸福である」とゲーテは書いている。かくの如く技術に大きな教育的価値を認めたということは、ゲーテの教育思想における優れた特色の一つである。彼が技術と云ったのは、彼の生活とその時代の状況とに相応して、主として手工業的なものを指しているが、彼の言葉は現代の工業的技術についても真であることを失わないであろう。

ゲーテは技術の習得が何よりも人間そのものの形成即ち今日徳育とか人格教育とか云われるものに対して有する重要性を力説した。実際、誠実とか、客観的なものへの服従とか、その外種々の人間的な徳は、技術を通じて最もよく学ばれることができるであろう。技術教育は技術の有する教育的価値そのものの上からも尊重されねばならぬ。人格教育と技術教育とが相反するものであるかのように、或いは全く無関係なものであるかのように考える「精神主義」の教育論は間違っている。人間は環境を変化することによって同時に自己自身を変化するのである。環境を変化することを通じてでなければ自己自身を現実に変化し得ないと云えるであろう。

我々の生活は技術の基礎の上に立っている。技術的活動が休止すれば社会生活は破壊されてしまうであろう。今日の社会生活にとって技術の有する重要な意義を顧みるならば、大学の教育においても技術が尊重されねばならぬことは明瞭である。従来の人文主義的教育思想はとかく技術を軽視する傾向がある、工科の如きは大学に属すべきものでなく、専門学校に止まるという風に考えたが、かような考え方は、社会の発達と共にいよいよ重要性を増大しつつある技術の本質についての認識を欠くものと云わねばならぬ。人間の存在はどこまでも環境における存在である限り環境の形成は同時に人間の形成を意味し、技術と人文とは分離し得ない。新しい人文主義は技術についての根本的な認識を含まねばならぬ。

しかし大学は技術家を養成しなければならぬと云っても、技術家にも色々ある。そこには先ず大工と棟梁といったような区別が認められる。普通の大工は学理に依るよりも寧ろ経験に基いて、ルウティヌに従って、習慣的に、技術を行っている。しかるに真の棟梁は技術と共に思惟を有し、技術的過程について原因結果の関係の知識を有している。これによって彼は他の技術家を指導することができる。彼の技術は技術そのものと思惟との二つの部分から成っている。大学の教育においても既存の技術の習得はもとより大切である。

技術は習熟されるのでなければ、謂わば習慣的なところを有するのでなければ、技術としての現実的価値を有しない。技術には実地の練習が大切である。しかし、すべての技術は自然法則を基礎としており、従ってこの法則の認識における進歩は技術の進歩にとって必要である。そして大学の大学たる所以は特にかような理論的方面を重んずるところにある。理論と技術とは不可分のものであるが、殊に大学の大学としての特色は単に技術の習得に止まらないで、技術に関しても理論を重んずる点になければならぬ。さもなければ、大学と専門学校との区別も不要である。思惟と理論の欠乏は大学の本質の喪失を意味している。

技術の進歩は理論の進歩に資し得るであろう。技術の進歩から理論的帰結が引き出されなければならない。逆に理論の発展は技術の発展を促し得るであろう。理論の発展から技術的帰結が導き出されなければならない。また技術の進歩のためには理論における進歩を要するであろう。技術の進歩のために理論的研究が進められなければならない。大学の教育はこれらの任務に対して行われなければならぬ。

時局は多数の技術家を必要としている。そのために近年技術教育は大いに奨励されているが、しかしその反面、自然科学においても理論的研究が無視される傾向が次第に著しくなっている。かような跛行状態がこのまま進んでゆけば、やがて技術そのものの進歩も停頓し、遂には退歩しなければならなくなるであろう。更に他方において時世は技術の要求する科学的精神と相反する種々の非合理的思想を蔓延せしめつつある。その結果は国家に必要な勝れた技術家をも作り得なくなるであろう。技術的精神は科学的精神を離れてあり得ないのである。

右の如き状態に対して技術家は無関心であることを許されない。あらゆるものが跛行的であるということは今日の特徴であるが、技術と理論とが跛行的になってゆくことに対して、大学はその本質に従って当然理論擁護の立場に立たなければならぬ。かような現実に対しても理論的研究に従事する者は技術家の協同に俟っている。

ところでユニヴァーシティという語の意味するように、大学は或る意味において普遍的教養の場所でなければならない。この普遍的教養はディレッタンティズムと区別されることが大切である。何一つ真に専門的な教養を有しない者は真に普遍的な教養を有することもできないであろう。普遍は特殊と結び付き、特殊を通じて現れるものにして真の普遍である。技術家はディレッタントとまさに反対のものである。ディレッタントとは厳格な技術的訓練を有しない者のことである。技術家は専門家である。大学の教育はどこまでも専門家を作らねばならぬが、しかし大学の本質において更にそれ以上のことを要求されている。真の技術家は単なる技術家以上のものでなければならぬ。彼は自己の特殊の仕事の意味を普遍のうちにおいて自覚しなければならぬ。かような自覚にも種々のものが考えられる。即ち一つの技術を全体の技術との関聯において認識することもそれである、また技術と理論との関聯を認識する事もそれである。それらはいずれも重要である。しかし今日最も重要なことは、自己の特殊な仕事の意味を社会のうちにおいて自覚するということである。

技術はもと人間の生活を向上させるために存するものである。しかるにその技術が人間を不幸にするために使用されているようなことはないか。技術は労働を軽減して、人間が文化的に生活することを可能ならしめるものである。しかし現在実際にそのような結果になっているかどうか。技術は物資を豊富にしてすべての人の生活を豊富にするものである。しかし技術の驚くべき進歩にも拘らず今日果してそのような状態になっているかどうか。これらの問題について現在の社会生活の不幸の原因が技術そのものにあるかの如く考え、そこから反技術主義を唱えるというが如きことは大きな間違いである。原因は社会そのもののうちに、その特定の機構のうちにある。人間生活の向上に貢献し得る技術がその意義を完全に発揮することなく、却って反対の結果になっているのは社会的原因に基いている。人間はすべて自己の行動の結果について社会に対して責任を有するとすれば、技術家として自己の技術そのものに対して責任を有することは勿論、彼は社会人として自己の活動の結果について社会に対して責任を有している。人間の活動は根本的に社会的である。技術家が技術の社会的意義について反省するということは、技術がその本質を制限されることなく発揮するために要求されており、従って技術家にとって決して単に外的なことではない。大学の教育は職業に対して準備することを卑しむべきではないけれども、単なる職業人を作ること以上でなければならぬとすれば、かような反省は大学にとって必要である。

かくして大学の教育の立つべき新人文主義は、技術と人文との抽象的な分離に反対し、そしてディレッタンティズムを却けて専門家の意義を強調すると共に専門家に対して社会的自覚、進んで社会そのものについての科学的並びに技術的認識の必要を力説しなければならぬ。インテリゲンチャはどこまでも優秀な技術家であるべきである。しかし今日の危険は、インテリゲンチャが専門家として自己の技術にのみ頼ろうとする傾向が社会の困難な現実を回避する一つの方便に堕してゆく可能性を生じているということである。

（一九三七年一一月）

理想の再生

先般行われた警視庁のいわゆる不良学生狩に対して最も多く拍手を送ったのは学生を子供に持つ親たちであろう。私は彼等の心理に同情することができる。しかしこの機会に彼等にもまた反省すべきものがあることを忘れてはならぬ。

その子弟を学校に出す家庭に教育の理想というものがあるであろうか。あの学生の赤化が頻りに伝えられた時以来、親たちは自分の子供に対する理想的な要求を全く棄ててしまったように見える。赤化さえしなければ、たいていのことは見逃しても好いといった風が彼等の気持に浸潤したのである。子供が読書や研究に熱心であればむしろ赤化しはしないかという危惧を感じた。赤化の前に家庭は自信を無くし、理想を失ってしまったのである。子供が偉くなるというような漠然とした理想さえ失われ、ただ「間違い」のないことのみが願われた。赤化が殆ど見られなくなった今日においても、家庭は同様に理想のない、自信のない状態を続けており、そしてそれがおのずから現代学生の心理に影響しているのである。

学校もまた同じである。頻々たる赤化事件以後、学校もまた自信を無くし、理想を失ってしまった。学校においてもただ「無難な」学生を作ることにのみ力が注がれた。今日の学校のうちに果して理想が再生したかどうか、私は知らない。それは或いは理想を説いているのであろう。しかし若し学生が、そのような学校も実践的本質においては営利主義のものであることを承知していたら、どうであろう。今日の学生には物の裏を考えてみないような単純な人間は甚だ稀である。

家庭も学校もすでに十年以上も「無難な」学生を作ることに努めてきたのであるが、その無難というものが如何なるものであったかが、現在「非常時」にあたって明瞭にならざるを得なくなったのである。それが今度のいわゆる不良学生狩の大きな教訓である。数千人に達するという彼等の多くは決して不良でなく、むしろ無難な青年であろう。私は彼等が身を滅してしまったということをあまり聞かない。彼等は享楽の追求においても理想主義者でなくて現実主義者である。しかし無難な学生が非常時にふさわしい学生でないという一点については、私は当局の見解に賛成する。

私は現代学生の身についた現実主義を一概に排斥するものではない。しかし今日最も必要なことは、その現実主義の中からの理想の再生である。学生の気風の革新にとって根本的な問題は、享楽機関の駆逐でも取締の強化でもない。現実主義の極から理想が再生して来ることである。しかもこれは決して単に学生のみのことではない。（一九三八年二月）

最近学生の傾向

知的動員というようなことが唱えられ、また事実文士の漢口従軍などというようなことがあって、インテリゲンチャの問題も最近いろいろ新しい様相を呈してきた。この時において学生の状態は如何なっているであろうか。

私の経験からいうと、学生も最近次第に変ってきたように思われる。懐疑的で虚無的、批評的で傍観的、などということが従来学生一般の態度のように見られていたのであるが、そこから現在積極的なものが多少現れ始めたように感ぜられるのである。これは時局の進展の影響によるものであろう。

もちろん以前の態度が悉く清算されたというのではなく、またそのことが必ずしも賞すべきことであるのではない、いわゆる転向よりも発展があらゆる場合において大切である、発展にとっては前のものが土台となり、そのなかに含まれていた善いものが新しい立場のうちに高められて含まれるということがなければならぬ。いわゆる転向が頽落に過ぎないという例を我々はすでに十分たくさん見てきたのである。

種々の非難があったにも拘らず私は従来の学生の態度のうちには極めて当然のものがあったと考える。私はそのような懐疑や虚無、批評や傍観等、あらゆるものの中で鍛えられてきた青年に今後を期待したいのである。今その消極性から積極性へ徐々に移りつつある彼等の経てきた鍛練に意味を認めたいのである。すべて人生のことは消極的とか積極的とかいっても或る意味では相対的なことである。懐疑、虚無、等々のものもそのなかにおいて人間と思想とが鍛えられるということから見ると積極的な意味をもっている。そして時代はよく鍛えられた強靱な人物を必要としているのである。

今積極的に動こうという気持が学生の間に漸く盛んになろうとしている場合文壇などの例から考えて私の希望したいことは自主性を失わないということである。今日の学生にはその教育されてきた周囲の事情から以て自主的活動に対する訓練が欠乏している。しかるに自主的でないところに真の積極的はなく、積極的になるということは自主的になるということである。我々はめいめいが時局の解決の責任を負うていると考えねばならぬ。今日我が国では指導原理の貧困が云われているのであるが、そうであるとするならば、学生諸君もただ徒らに他に向って指導原理を求めるのでなく、自分たちがそれを作るのだという勇気と覚悟とをもつべきである。今日はもはや他を非難することによって自己の責任を回避し得るような時代ではない。しかも確固とした方針なしに徒らに動き出すことは却て有害であろう。

積極的になるということは政治的になるということと同じに考えられている。けれどもそのために文化が無視されるようなことになってはならない。支那事変以来、戦争と文化との関係についていろいろ論ぜられてきたが、今日過去を振返って公平に観察するとき、我が国の文化は事変以来どのような状態になっているであろうか。そこには果して何等憂慮すべきものがないであろうか。近代戦は綜合戦であるといわれるように、文化そのものが政治の一つの力である。それは事変そのものの進展の過程において、益々明かになりつつあることである。インテリゲンチャは現在その観点から特に文化の問題において積極的にならねばならないのであって、文化を徒らに政治化することは却て文化の権威を傷つけ、文化の品質低下を来たすことになるのである。積極的ということと政治的ということとの抽象的な同一化には危険が含まれている。むしろ今日の政治が逆に文化的にならねばならないのであって、さもなければ支那事変の如きも完全に解決されないであろう。

最近学生の間に次第に積極的な気持が出てきたことについて、政治と文化との関係についての具体的な見方が徹底することが何よりも必要ではないかと思う。（一九三八年一〇月）

革新と教育

すべての革新政治が特に教育の革新を重んずることは云うまでもないであろう。新しい政治を行おうとする者はそれに適するように人間を改造しなければならぬ。それだからソヴェトでもドイツでも新しい教育に最も力を注いでいる。

我が国の教育のうちにも次第に変化が生じつつある。このとき著しく目立つことはそのドイツ模倣である。勤労奉仕といい、種々の行進といい、ドイツ流のものが甚だ多い。学生は学内においてそれらに動員されるのみでなく、学外の諸団体からも屢々動員されている。

ドイツ模倣の可否はしばらく論じないにしても、先ずそのような学生動員は綜合的計画的に行われていないために単なる形式に堕し、その意図する教育的効果の殆ど挙っていない場合が尠くないように思われる。一時喧しくいわれた勤労奉仕なども、計画性が欠けていたために却って学生から軽蔑されるようなことにならなかったであろうか。

毎年都下の大学専門学校学生三万を動員参加させて挙行される建国祭の明年度式典に関

する第一回の打合せ会が先達て開催されたが、その席上諸学校から学外団体の学生動員について文部省の統制を要求する基本的意見が開陳されたということである。即ち近来学校外の各種団体において学生を動員して行進その他の催しを行い、参加を強要されるため学校当局では授業計画その他に支障を来すことが頻繁であるというのである。統制を行う側が先ず統制されねばならぬとはこの頃我が国の政治や経済において屢々いわれていることであるが、綜合的な計画の欠乏から生ずる同様の弊害がこのように教育の方面においても認められるのである。計画性のないところに教育はない。そして学生動員の如きも形式的でなくて実質的な教育的効果を目的とすべきことは明らかである。

勤労奉仕といい、種々の行進といい、それらはすべて教育の新しい形式であり、そこには新しい教育精神がなければならぬ。それらの新しい形式はその教育精神に従って全体の教育制度が改革される場合に初めて教育的効果を十分に挙げることができる。しかるに我が国においては、学制改革の問題はすでに久しく論ぜられ、それに対する調査立案も度々行われているにも拘らず、改革はいまだに実行されない。全面的な学制改革には何等手を触れないでそのままにしておいて、勤労奉仕とか行進とかという個々の点においてドイツの模倣をしてみても、教育の革新が根本的に行われることは不可能であろう。外面的な無計画な模倣が弊害を生じ易いのは云うまでもない。

行進はもとよりその他最近ドイツ流のことは、すべて形式を重んずるのを特色とし、そこに学生に対する訓練の意義を認めようとするものである。それは新しい形式主義ということができる。この形式主義はもちろん尊重すべき新しい精神をもっている。しかしながら単に分散的に且つ形式的にそのような形式主義を模倣する場合、それは元来一種の形式主義であるところから愈々形式的となり、その弊害は大きくならざるを得ないであろう。日本の教育界の現状について先ず私の感じるのはかような新しい形式主義の弊害である。

今日わが国の教育においては、一方では勤労奉仕とか行進とかの学生動員に見られる如くドイツ模倣の傾向が著しいと共に、他方では農民道場などのように日本固有のものと称せられる塾の如き教育形式の復活が目立っている。かようにドイツ的なものといわゆる日本的なものとが混合して存在するということが今日の日本に於て多くの場合に特徴的なことである。

もとよりこれら二種のものの混在は決して単に全く無関係なものが混合して存在するということではない。すべて過去のものは過去からでなくて現在から復活するのである。塾というような日本の昔の教育形式が復活するに就いてもその端緒は現在にあるのであって、即ち現在新しいドイツ流の教育形式を移植しようとするのと同一の関心が塾教育のような形式を復活させるに至るのである。この原理的な関係は一般に日本主義といわれているものの本質的な意義を理解する上に極めて大切なことである。

ところで塾のような教育形式が今日の学校教育に対して種々のすぐれた特色を有するこ

とは争われない。今日の学校においては教師と学生との関係が外面的なものとなり、両者の間の人格的な接触は困難にされている。学生が教師から人間的な感化を受けることは尠くなり、教師の方でも自分が学生から学ぶことができない。今日の学校においては智育は可能であるにしても徳育には欠くるところが生じ易い。それはサラリーマンの大量生産には適しているが、指導者の養成には適していない。そこでは種々の知識を詰め込むことができるにしても、信念を得ることは不可能に近い。かような点から考えて塾のような教育形式は確かにすぐれたものをもっている。

しかしながら塾教育にも種々の欠点が伴い易いことは注意しなければならぬ。とりわけそれが封建的なものの単なる復活であるとき弊害は著しいであろう。それは信念の養成には適していても、公平な客観的な知識を得るにはそれだけ適していない。またそこでは弟子は教師に依存し、従って自己の独立の見解を発展させることは困難にされている。塾教育は今日の学校制度の改革に対して刺戟を与え得るものであるが、それが学校に代るべき性質のものではない。塾といっても現在では封建時代のそれとは違ったものでなければならぬ。

今日塾のようなものが考えられるのは何よりも行動的人間を作ることが求められているからであろう。農民道場などは端的に実践と結び付いている。今日の青年の非行動性、無信念、懐疑等を克服して新しい行動的人間を作ることが塾教育の目的であるといえる。しかるに塾教育がかように行動性を重んずるところから既に考えられるように、塾教育は今日の現実においては何等か政治的性格を帯びてくる。その目的は政治的でなく教育的であるといわれるにしても、教育そのものもこの場合には或る政治的意義を有し得るのである。現在の学校は青年を組織するという意味をもっていない。しかるに塾の如きものは直接には青年を組織することを目的にしないにしても、少くとも間接には青年を組織することになるのである。そこに現代において塾の有し得る特殊な意義が認められるであろう。この点から考えて、従来の塾とは違った構成を有する最近の昭和塾の如きものが、今後どのように発展してゆくかは興味のあることである。

私はすでに今日の教育における新しい形式主義に就いて述べた。ドイツ模倣といったものはそのような新しい形式主義の意味を顕著に具えている、この形式主義は形式そのもののうちに青年に対する訓練の意義を認めようとするのである。従ってそれは訓育を重んずるということを特色とし、そこからまた従来の教育は智育偏重であるといって非難する傾向と結び付いている。

塾教育のようなものにおいても普通にいわれるのは肚を作ることであり、従ってそこでも訓育に中心がおかれている。肚を作るということは一見形式主義の反対のようであるが、他の方面から考えるとそれも実は一種の形式主義であって、まさにその点において最近のドイツ流の教育形式と一致するところがあり、それ故にこそ現在二つのものが混合して流行しているのである。

教育において、更に文化一般において形式が重要なものであることは争われない。併し形式はどこまでも形式であって、形式を生かす精神がそこになければならぬ。肚を作るということは精神のことであるように見えるけれども、それも実は形式に属している。新しい精神を考えないでただ形式だけドイツ流のものを模倣するのでは悪しき形式主義になる。塾教育のようなものを復活させるにしても、その精神が古い封建的なものであっては反動的な意義を有するに過ぎないであろう。今日最も必要なことは教育の新しい精神の探求であり、この点においてドイツ模倣に止まらないで真に日本的なものが確立されねばならぬ。

新しい形式主義は訓育を重んじており、そしてそれは従来の教育の状態に対して確かに重要な意義をもっているが、他方において今日また最も憂慮されることは青年学生の智能の低下が生じつつあるということがないかということである。智能の点を無視して訓育のみが重んぜられる場合、それは悪しき形式主義にならねばならぬであろう。

従来の自由主義の教育に対して、新しい教育は団体主義乃至全体主義に立とうとしている。しかるにこの団体主義乃至全体主義はそれ自身において形式主義に陥り易い傾向を含んでおり、この形式主義は特に智能の教育を犠牲にする点がある。

今日、東亜の新秩序について語られ、新文化の創造について語られている。しかるに智的なところを有しないような文化というものはなく、新しい文化の創造には何よりも新しい知性が必要である。創造さるべき新文化が単に西洋の文化と違っているというのみでは価値がない。それは新しい文化として西洋の文化を凌駕するような優秀な文化でなければならず、将来の世界文化を代表するようなものでなければならぬ。ただ西洋の文化と違っているというのであれば我々はそれを過去に求めればよいのであって、新文化の創造などということは不要であろう。この点から云っても、新しい形式主義のために智能の教育を軽視するようなことがあってはならぬ。

日本は今や世界史的に最も進歩的な役割を演ずべきときである。我々の民族の特色とせられる進取的なところが完全に発揮されねばならぬ場合である。日本の歴史的使命の大いさにふさわしくないような反動に陥らないことを教育界の現状に鑑みて切言したいと思う。

（一九三八年一一月）

Ⅲ　制度論

文化危機の産物

文部省では愈《いよいよ》知識人の生産制限に着手するという。これは現存する社会的矛盾の当然の帰結であって、今更驚くにあたらぬことかも知れない。この生産制限は知識階級の就職難に対する、そしてそれに起因する思想悪化に対する対策だということである。

この問題は決して単に知識人のみの問題と考えられてはならぬ。知識階級の就職難は孤立した現象ではなく、寧ろ一般的な失業状態の一つの場合と見らるべきである。今日知識人は知識人である故に就職難であるというよりも、一般的な失業状態が支配している故に知識人も就職難に陥らざるを得ないのである。それだから反対に、もし景気が回復するものとして、労働者の失業がなくなる時がくるとすれば、知識階級の就職問題も恐らく生じて来ないであろう。その時にもなお知識人が単に知識人である故に就職出来ないとすれば、それは彼等の特権階級意識によるものというべく、かゝる意識を打破するためにも、高等教育を受ける者の益《ますます》増加することが望ましいとさえいわれよう。

高等教育収容者を半減しようとするのは、社会の一般的な文化の向上を犠牲にして、知識階級の「特権」を維持しようというのであろうか。それは社会の文化発展の犠牲においてて少数の知識人に特権を与えることにより、彼等をことごく資本家の忠実な番頭にとどめておこうというのであろうか。ここでも社会的矛盾は文化の危機として表現されているのである。そのことは今度の問題がいわゆる思想問題の対策として取扱われていることによっても明瞭であるであろう。

然し思想の悪化ということにしても、知識人自身の就職難にのみもとづくものではない。純真な青年学生をそのように単なる利己主義者と見立てることは危険である。一般的な社会的不安にして除かれない限り、思想問題はなくならないであろう。学生の多くが属する中産階級は、その子弟を高等教育機関に送らないことのみによって、現在たどりつつある没落の過程から脱し得るであろうか。

誰の手を煩わすまでもなく、少くとも私立学校についていえば、最近の深刻なる不況の結果、入学者の減少することが却て何よりも憂慮されつつあるのである。まず中等学校において現れる入学者の減少が大学に影響して来るのは数年後のことであろう。今日の問題は入学者の増大を憂えることよりも、優秀な才能をもちながら資力乏しきため、高等教育を受け得ない者が増加するのを如何にして救うべきかということでなければならない。
もし高等教育志望者が減少しないものとすれば、その収容者半減の結果当然、今日に数倍する恐るべき試験地獄を現出するであろう。試験の弊害は極度に達するであろう。それは知識人を無気力ならしめるばかりでなく、絶望に追いやるであろう。

それ故に問題があるとすれば、一般に現在の如き目的をもって大学へはいろうとする志望そのものをなくすることでなければならぬ、そのためには大学が「特権」を与える「職業教育」機関でないということを徹底させることが必要であろう、大学卒業者の特権が廃止されねばならぬ、大学のコースをとらなくとも、それと同程度の職業的知識の得られる道が大いに開発され、大学卒業者と同様の権利と就職の機会とが与えらるべきである。そして大学自身に就いていえば、それは一層多く「研究」機関たるの性質をもち、従って学術の研究志望者には大学予科、高等学校等のコースをとらなくとも自由に入学し得るように改革さるべきであろう。

入学者を半減する事によって直ちに教授の数を半減し得ると信ずるのは甚しき早計である。教授の数は学問の分化と専門化とにも依存するのであって、学生の数にのみ関係するのでない。大学が研究機関たるの性質を更に多く具えること丶となれば、今日の教授数といえども決して多くはなかろう。固より学問の専門化の弊害の方面も認められねばならぬ。然しそれは当然「講義の自由」即ち例えば交通政策の教授も理論経済の講義をなし得るようにすることによって匡正さるべき性質のものである。況んや私立大学にあっては、誰の手を煩わすまでもなく、近年における経営難の結果、教授数は既に過度に減少しつ、ある。

大学に研究機関の性質を一層多く有せしめるためには、学生に「転学の自由」が認められねばならない。講義の自由と転学の自由とは分つべからざるものであり、その前提は今日の大学の有する性質と機能との改革である。それら二つの自由は恐らく大学に新生命を吹き込むことが出来るであろう。然しながら大学の入学者制限問題をいわゆる思想問題と結びつけざるを得ない現在の社会においてそれらの自由が与えられると期待され得るであろうか。知識人の生産統制が成功し得るか否か甚だしく疑問であり、寧ろ我々は今度の問題をも普遍的な文化危機の一表現として受取らざるを得ない。

（一九三二年八月）

試験の明朗化

小学校から大学まで、あらゆる学校において試験の行われる時が来た。生徒学生はもとより、家庭にとっても、まことに憂鬱な季節である。

アランの『教育論』は学校の先生がたに読んで貰いたい書物の一つであるが、その中で彼は試験についても意見を述べている。「試験は意志の訓練である。この点においてそれはすべて善い」と、アランは云う。自分はあの場合臆病であった、心が乱れていた、などという弁解は悪しき弁解であって、人間のそのような欠点は最も大きな欠点だ。平生は完全に答えることのできる問題を、試験の日に間違えたり、最初に正しい答を見出しておきながら突然逆上したりするような子供を、私はどう考えよと云うのか。それはちょうどボール紙で作った猪に対してよく練習した射手が、自分の生命を救わねばならぬ日に適確に撃つことができぬのと同じである。知っていて、知っていることを使わないのは、知らないのよりも一層悪い。知らないことは精神の如何なる悪徳をも現わさない。これに反し感情の動揺による過失は教育されていない精神を、いな、正しくない精神をすら現わすのである、とアランは書いている。

私は試験の単純な反対者ではない。それには意志の訓練、或いはその他の道徳的効果も含まれている。しかし現在の日本の憂鬱な試験を見れば、アランにしても先ず大いにその弊害を指摘したくなるであろう。あらゆる徳は心の朗かさを予想する。試験から教育的意義を期待するならば、何よりも試験を明朗化しなければならない。

簡単に云うと、試験のうちにスポーツの精神が、コンクールの精神が導き入れられなければならない。試験のスポーツ化、もしくはコンクール化は今日我が国の状態においても或る程度まで不可能なことではなかろうと思う。現在の制度の儘では試験は男らしい競争心の代りに陰険な敵対心を、優秀な者に対する讃美の代りに嫉視を、協同の精神の代りに利己主義を、要するに道徳的にも種々の悪徳養成の源泉となる。

試験が一般に有害であるのではない。或る種類の、或る方法による試験は智育上徳育上必要であろう。弊害は今日の如く試験が教育的目的以外のものに制約されているところにある。即ち社会的条件に原因する入学の困難、就職の困難は、教育機関を単なる入学準備機関、或いは就職機関と化し、試験もそれに従属せしめられている。かくして試験の明朗化は、カンニングの取締の如き「試験粛正」によって達せられ得るものでなく、根本において社会の明朗化に俟たねばならぬ。

入学の困難、就職の心配が存しなかった昔は、試験制度の弊害も問題にならず、試験勉強家は「点取り虫」として軽蔑された。

（一九三六年二月）

試験制度について

毎年試験の季節になると試験制度が種々問題にされる。このように試験制度が繰返し問題にされるということは、それが単純な問題でないことを示している。実際、試験制度は現在二重の見地において、即ちその教育的意義と社会的意義とに関して問題を含んでおり、これら二つの見地が相互に一致しないで交錯しているところに問題の複雑性がある。教育的価値の見地からは現在の試験制度が改善もしくは廃止さるべきものであるとしても、かかる改善もしくは廃止も試験制度が現在有する社会的意義の見地から不可能にされるところに矛盾があり、問題があるのである。

試験制度の有するかような二重の意義は、試験そのものの二重性となって現われている。試験は現在殆ど凡ての場合二重化されており、そのために青少年に対する試験の負担も倍加されているわけである。

先ず、小学から大学に至るまで毎学期或いは毎学年に試験が行われる。このような試験は主として教育的意義のものであって、一層高級な階梯の学習にとって必要な一層基礎的な学習が完成しているか否かが試験されるのである。しかるにそれのみでなく、他方において中等学校から（時には小学校から既に）大学に至るまで入学試験が行われ、その他にも高等文官試験等の如きものがある。この種の試験は教育的見地から必要であるのではない。教育的見地からいえば、小学校の卒業生は凡て中等学校に入学し得るはずであり、中等学校の卒業生はいずれも高等学校乃至専門学校に入学し得る資格を有するはずである。それらの卒業生について更に入学試験の如きものが行われねばならないのは、現在ではそのような学校の設備が十分でなく、彼等の幾パーセントしか収容し得ないという社会状態に制約されているのである。試験の負担は今日の社会的条件によって加重されている。

試験の有する二重の意義のうち支配的であるのは殆どつねに社会的意義であることは注意されねばならぬ。仮に教育的見地から試験が必要であるとしても、それはその独自性もしくは固有性において認められず、却って社会的見地に従属させられ、或いは犠牲にされている。小学校や中等学校は上級へ入学するための準備の場所に過ぎなくなり、その試験も初年級から既にかかる入学試験準備の目的に捧げられている。人間の一生においてそれぞれの時期は、もとより後の時期に対する準備の意味を有するが、同時にそれはまた自己自身の目的であって、教育もこの見地から行われねばならぬに拘らず、ただ入学試験準備に力が注がれ、従って現在では多くの人間は真に少年時代も青年時代も持たないで過ぎるという不幸な状態に置かれている。教師は上級の学校への入学率の高いことのみを誇りにする。かくて上級の学校へ進むことのできない貧しい家庭の生徒は、高等教育を受けようとする富裕な家庭の生徒のために絶えず犠牲にされるということが生じている。

小学校や中等学校が入学試験準備のための学校となっているように、専門学校や大学は就職のための学校となっている。そして大学生は大学内の試験を受けねばならぬことは勿論、官吏志望者は、その他場合によっては実業家志望者の如きも、その上更に国家試験を受けねばならず、試験はこのように絶えず二重化されている。かくの如き二重化をなくする方法は、純粋な教育的見地において試験が必要であるか否かを検討し、もし不必要であれば、断然廃止することである。そしてもし社会的関係において試験が必要であるとすれば、現在の国家試験の如き制度を拡張して法科関係以外、経済科、文科等々についてもそれぞれに施行し、その代り学校内部の試験は全く廃止してしまうがよくはないかと考える。その際なお入学試験の問題が残されるであろう。これには内申制度などもあるが、多くは試験の参考に供せられるに留まり、また種々の弊害も伴っているようである。

今日の学校生活を甚だしく憂鬱にしている試験制度が教育上から見てどれほど必要であるかは疑問である。むしろその弊害の方が大きくはないかと思う。

平素生徒（学生）に始終接触している教師は、彼等の学力がどのような程度のものであるか、判っているはずである。それが判らないとすれば、現在の学校においてしばしば見られる如く、一つの学級或いは一つの教室における生徒の数があまりに多く、彼等に親しく接触することが教師にとって実際上不可能にされているからにほかならない。そこで試験による考査が必要になって来るとすれば、そのことはつまり試験制度が社会的に制約されていることを示すものである。教師の手にあまるような人数を一学級或いは一教室に収容しなければならぬということは、現在の社会的条件にもとづいている。

もちろん何点何分と採点し、また幾十人幾百人の生徒を一番二番と厳密に順位をつけるためには、試験によるのほかないであろう。しかしそのようなことが教育上何等か必要であろうか。それは教師自身にとってさえ有害である。凡ての人間に一律の試験問題を課して採点し、席次を決定するというが如きことに知らず識らず影響されて、教師は生徒のそれぞれの個性を無視することに陥り易い。試験制度は個性教育に悖り、個性教育が発達しないのは試験制度の結果であるとさえいうことができる。尤も社会上の一定の制度の維持のためには、あらゆる人間に対して一律の試験を行うということも必要であろう。日本の教育は従来主としてそのような制度主義に立ち、従って個人の個性の教育において大きな欠陥を有した。そのことは試験制度とも関聯しているのである。試験制度は学生をして教師の言葉を鵜呑みにする習慣を作らしめ、彼らの知的好奇心、探究心、独創力、直観力、批判力などを減殺する。近頃しきりに日本主義者によって西洋崇拝が非難されているが、そのようなことがあるとすれば、それは東洋古来の試験制度の弊害の結果であるともいえるのである。

試験制度は生徒の競争心を喚起し、学業の進歩に役立つと考えられるであろう。確かにそのような方面がある。しかしそのことも彼らの虚栄心を刺戟することになるばかりでなく、寧ろしばしば彼らの親の虚栄心を刺戟し、子供が親の虚栄心の犠牲に供せられるということが生じている。学校の点数や席次により多く関心するのは、殊に中流以上の家庭においては、子供よりも親である場合が多い。親の虚栄心から子供は無理な勉強を強いられ、自分の学力に相応しない学校の入学試験などを受けさせられる。敏感な都会の子供にあっては、試験における成績の競争のために友達の間の交情も冷やかになる。また特に上級の学校においては、試験制度はドイツ人のいわゆるシュトレーバーを多く作っている。試験制度は単に知的方面においてのみでなく、道徳的方面においても種々の弊害を醸しているのである。

青少年の健康に対する試験制度の害悪はいうまでもない。わが国の生徒及び学生の健康がいかに憂慮すべき状態にあるかは統計的調査によって示されているが、その原因の重要な一つは試験にあるであろう。教師また或る親たちは子供が平素怠けておいて試験勉強をすることを非難する。しかし試験制度が存在する以上、いわゆる試験勉強が存在するのは当然である。平素怠けていると否とに拘らず、試験にとっては試験勉強というものが必要であり、またその効果もあるのである。殊に大学などにおいては、平生自分の好きなことを研究しているような熱心な勉強家は却ってそのために平生聴講していない科目の受験にあたり、プリント或いはノートの借用によって試験勉強だけですまさねばならぬ必要をもつであろう。試験制度を認める以上、平生の聴講の有無をやかましくいうことはむしろ道理に合わないことになる。

かようにして試験制度が教育上から見て種々の弊害を有することは多くの人々によって認められている。勿論あらゆる種類の試験に教育的価値がないというのではない。否、ある種の試験は教育上必要であり、有効であるけれども、それは決して今日普通に行われている試験の如きものではないであろう。しかるに既に述べたように、現在試験は純粋に教育的見地から行われているのでなく、却って学校は入学試験準備機関となり就職機関と化しているというのが実情である。

もっとも試験制度がどのようなものであるにしても、学校を出ることが直に社会における大きな特権を意味する場合には、それも我慢すべきであるかも知れない。昔は実際その通りであった。だから試験制度にも社会的価値があったわけである。しかるに事情が甚だ変化した今日では、試験制度はただ昔の「遺風」に過ぎないといってよいほどである。小学から大学に至るまで幾十回かの試験を受けて漸く学士になったとしても、それで安全に就職することができるわけではないし、また漸く就職したにしても昔のような特権的地位に昇り得る機会は著しく減少している。それればかりでなく、昔のように就職の心配がなかった時代には、試験制度が存在しても、その弊害は比較的少なかったに反し、今のように就職が困難になると却ってその弊害がますます大きくなって来る。昔は「点取り虫」といって軽蔑されたけれども、今では殆どすべての学生がその点取り虫に化している。我が国では次第に人間の型が小さくなり、大きな人物が少くなるといわれているが、そのように人間の型が小さくなるということには我が国の教育が大いに関係している。また日本人には学校を出てから勉強をする者が少いといわれているが、学問に対する興味を失わせるのは試験制度である。試験制度は学問を単なる功利主義に堕落させるものである。

しかし学校内部の試験制度は廃止し得るとしても、入学試験の如きものを廃止し得るであろうか。現在の如く大量の入学志願者が殺到する場合、試験制度は避け難いように見える。何故にかくも多数の入学志願者が存在するのであろうか。それが純粋に我が国人口の智的向上と経済的余裕とを語るものであれば、まことに喜ぶべきことである。しかるに事実は単純にそうであるのではなく、むしろ反対に中産階級の没落、農村および小商工業者の窮迫を語るものでなかろうか。今日の社会において中産階級は没落の傾向甚だしく、かかる没落を何とか防ぐために彼等はその子弟を学校へ送る。学校を出ることが社会的特権を意味した時代の夢がいまだに覚め切らないということもあろう。また我が国になお著しく残存する官吏崇拝の風に感化されているということもあろう。農村の窮乏はその人口の一部を都会へ送る必要に迫られ、そのために彼等の子弟を学校へ入れるであろう。小商工業者の窮乏は、彼等の子弟を大会社のサラリーマンとするために学校に入学させる。かようにして志願者は増加し、入学試験は激烈になる。試験制度は嘗て特権制度であったが、その特権的意義が次第に減じて来た今日においても、なお僅少な特権を求めざるを得ない階級の存在によって苛酷にされている。ここにも試験制度の社会性がある。

試験制度はまた我が国における教育機関の画一化によって強化されている。これは我が国の教育が制度主義であるということとも関係するであろう。各学校の特色がもっと明瞭であり、各々その特色を発揮することに努力するならば、試験の激烈さも緩和され、その弊害も減少するであろう。ところが現在では、例えば官立学校と私立学校とにおいて教授内容は同一であり、ただ後者は設備その他の点で劣っているというだけで前者と相違するといった状態であるために、試験制度も強化されるのである。画一主義の教育と試験制度とは相互に関聯している。そして今日我が国の風潮が教育における制度主義、画一主義を強化しつつあることは見遁せない。

（一九三六年二月）

停年制

「硬骨」真鍋嘉一郎学士は、大学で内規として行われる教授停年制に対して爆弾を投じ、衝動を与えた。これは、人事刷新とか官吏の身分保証の法律とかが問題になっているこの頃の時世に挑戦したものとして「硬骨」の面白さもあろうが、その趣旨には賛成し難い。なるほど停年で退職するのは惜しい教授もある。けれどもそれは寧ろ例外であって、この例外を認めるならば、他の遥かに多い例外はどうすれば好いのか。世の中には現在の教授以上の学力を持ちながら教授になれない者がいくらもある。高等教育を受ければ立派な学者となり得る素質のある者で、大学に入ることのできぬ者に至っては、無数にある。また適当な後任がないから退職しないと云うのであれば、自分の在職中にそのような弟子を作らなかったことが却って自分の責任問題である。

何も大学のみが学問の場所ではなかろう。真鍋学士の如き「硬骨」の士が、停年後には純民間人として研究所の如きものでも作って、民間の学問の発達に尽力されることを期待したいのである。教育の方面においても停年制は寧ろ大いに拡張されることが至当である。それは高等学校の如きにまで拡張されて好い。殊に高等学校では、あの学校インフレ時代に就任した教授の中には若朽も多く、今日高等学校教育不振の原因となっていると云われるほどであるから、老朽と共に若朽の淘汰も必要であろう。

この革新時代においては青年の力が用いられねばならぬ。使われない力が下層に鬱積しているということは、社会にとって不健康な状態である。人事刷新は我が国においては一の生理的な必要であるとさえ云える。最近統制ということが頻りに唱えられ、それが必要な方面もあろうが、そのために国民が萎縮してしまって、その力が使われないで鬱積するというような結果になってはならぬ。

かかる弊害は、我が国の如く自由主義が十分に発達せず封建的なものが多く残存しているところでは、特に生じ易いのである。この頃青年文学者の間で云われているデカダンスなども、自由に伸びることのできない力の鬱積という謂わば生理的な現象から来ていると見られ得る。思想統制とか文化統制などにしても、かようなデカダンスを益々甚だしくする危険を含んでいる。

（一九三六年三月）

東大集中の傾向

去る二月二十日をもって締切られた全国各帝大、各官立諸大学入学志願者は九千四百五十四名であって、定員は五千八百三十名（共に東北帝大を除く）であり、従って三千六百二十四名という多数は「浪人」の憂き目を見ることになるわけである。しかもこのうち、東大集中の傾向は益々強化する一方で、定員二千二百十九名に対して四千七百八名の志願者があり、即ち過半数の若人が春に背いてこの「狭き門」から閉め出されるのである。高校本年卒業生と所謂浪人とはその数殆ど同じであるという試験地獄の有様だが、特に甚しいのは、東大法学部では定員六百五十名に対して志願者千七百六十九名、超過千百十九名、同工学部応用化学科に至っては、定員二十八名に対して志願者はその四倍強の百十六名に達している（東京朝日新聞二月二十八日）。これは毎年繰返されているすさまじい現象であるが、どうして文部省や大学当局において速かに対策を講じないのか、我々には不思議でならない。そこには重大な教育上の問題と社会上の問題とが含まれている。

東大集中の原因には種々のものがあるであろう。先ず純粋に教育的問題として考えられるのは、東大は設備が比較的に完全で、内容（教授及び講義）も比較的に優良であるという理由であるが、これは各科において相違があるであろうし、また現在の学生がこの点にどれほど関心をもっているか、疑問である。そしてこの点は文部省や大学当局の反省によって比較的容易に改善され得ることである。学生にとって一層大きな関心は、今日の日本では凡ての文化が殆ど東京に集中されており、文化生活の豊富さにおいて他の都市は東京とは全く比較にならぬということである。これは単に享楽的方面においてのみでなく、勉学の方面においても云い得ることである。学生は単に学校でのみ学ぶものでなく、また社会から学ぶものであり、そして東京の如きは都市そのものが大学である。他の都市では、大学を一歩外に出れば、知的文化的生活が殆どないに反して、東京では、この都市そのものが学生にとって知的文化的雰囲気を形成している。

もし大学（ユニバーシティ）がその元の語義に従って普遍的な文化的教養を意味するならば、現在の日本において大学の意味を有し得るのは、殆ど東京のみであると云ってもよいほどである。学生の東大集中には十分の理由がある。

我が国における中央集権主義或は中央尊重主義の弊害は行政上においても種々論ぜられているが、学生の東大集中の傾向もその弊害を文化的社会的方面において現わしたものにほかならない。我が国の地方には殆ど文化都市というものが存在しない。東京と地方の都市とでは、精神的文化に関してその懸隔があまりに甚しい。これは政府においても地方の都市自体においても深く考えてみなければならぬ問題である。地方色として吹聴されるものと云えば、封建的な文化の遺物であって、到底今日の青年学生の嗜慾に訴え得るものでない。地方に文化がないということは、我が国の文化の内容を単一ならしめ、貧弱ならしめている。文化を多様ならしめ、豊富ならしめるためには、地方の文化がそれぞれに発達しなければならぬ。これは単に大学のみに関係した問題でなく、一国の文化政策上の問題である。東大集中の傾向は、現在は認められていない転学の自由を認めることによっても緩和されるであろうが、しかし今日のように地方の大学都市——それはドイツなどでいう「大学都市」の概念に殆どはまらないものであって、単に大学が存在するというのみで、それぞれ特色ある文化的雰囲気を有する文化都市であるのではない——の知的文化的状態が低いものであるならば、その緩和される程度も恐らく僅かで、またその意義も少いであろう。東大集中の傾向はその他の点でも社会的反省を要する問題であって、それは卒業後の就職の便宜から云っても、東大を出ることと東京にいることとが有利であり、多少の「浪人生活」も我慢してよいことになっているのである。

しかし学業の途中にある者が「浪人」をするということが、教育上からも経済上からも、種々有害不利益であることは云うまでもない。文部省では就学年限短縮の問題について既に久しく攻究しているようであるが、浪人生活の必然性が多数の学生にとって存在する限り、せっかくの年限短縮も何の役にも立たないことになるであろう。浪人学生には兵役関係の都合で私立大学に、それも大抵は一学期間、籍を置く者がある。もとより通学聴講するわけでなく、また私立大学の方でもただ彼等の納める入学金や授業料を臨時（或は予定？）収入として徳としているものもあるという有様である。現在高等学校は純然たる大学予備門となっており、その卒業生が全部官立の大学に入学することが不可能な状態であるとすれば、その対策の一つとして、現在の私立大学を凡て官営にするか、寧ろ反対に現在の官立大学を、少くとも文科系統に関する限り、凡て民営にするということも考えられるであろう。そのことは現在の私立大学にとって絶対に必要な設備及び内容の改善の好機会となるであろう。事実、私立大学と云っても、今日では以前の慶應、早稲田などのように明瞭な特色を具えたものは少く、また自己の特色を飽くまで発揮しようとする抱負を持ち、その努力をしているものも稀で、寧ろ官立大学の教授の出稼ぎ場となり、殊に帝大に停年制が行われるようになってからは、停年教授の「姥捨山」とさえなりつつある。浪人学生をなくする一方策としても、私立大学を改善して品位を高め、その卒業生の社会的価値を帝大と同様にすることが必要であろう。一般に、入学志願者が或る所に甚しく片寄るということは、各大学がそれぞれ自己の特徴を発揮することに熱心に努力せず、また社会が人間の個性を十分に尊重することを知らない結果である。日本には「学閥」はあるが「学派」がないと云われる。このようなことは凡て我が国の教育を支配している劃一主義の結果である。そして現在の試験制度はこのような劃一主義を助長している。教育界も所謂更始一新を甚だ必要とするのである（なおこの問題について読者は岩波『教育』二月号掲載の関口泰氏の論文「入学試験と学校制度」を見られよ）。

（一九三六年四月）

法科万能の弊

官尊民卑の風も古いことであるが、法科万能の弊も久しいことである。そして両者は全然無関係なことでもないようである。最近行政機構の改革が種々論議されているに当り、既に永い間叫ばれ、そして今ではもはや自明のこととして取立てて問題にされていない法科万能の弊について新たに注意を喚起することは、必ずしも、否決して無意義なことではなかろうと思う。それは一見まことに簡単な問題であるが、あらゆる行政機構の改革にとって基礎的な意義を有するものであろう。

我が国には法学生が非常に多い。この点で日本はイタリーと同じだと云われ、法科亡国の論をなす者もあったほどである。かように法学生が多いということは、官吏になることを唯一の立身出世と考えるところの、右に述べた封建的な仕官イデオロギーが抜け切らないということにもよるであろう。もっと根本的な理由としては、明治以後日本資本主義社会の急激な発展において既に諸外国で行われている制度を急速に形式的に移入する必要があり、そのために法科出の人間が特に要求され、そこから法科万能ということが生じて来たであろう。制度の移入と法科万能との間には関聯がある。尤も、今日の社会機構は甚だ複雑になり、従来の政党人のような頭では間に合わないような技術的要素が必要とされ、そのために法律乃至行政技術家として官吏の政治における役割が重要になって来たことも事実である。新官僚の擡頭ということも一面このことと関係があるように考えられる。しかしまた他方において今日は社会並びに制度の根本的な改革が要求されている時であり、それには単に法科的な頭では役に立たなくなっていることも多いのである。社会組織の複雑化によって、殊にそれの徹底的な改変のために、法科以外の種々なる方面の専門家の協力が必要となっている。我が国の代議士にも従来は弁護士が多過ぎると云われた。最近議会制度の改革が問題になって、職能代表制の採用が唱えられていることでもある。行政の方面においても若干これに類する改革が必要であろう。事実、近年では実際の必要に迫られて法科出以外に官庁で働く者も次第に増加しているようであるけれども、制度上の法科万能が依然として存在するためにそれらの人々の不平不満も絶えないようであり、彼等の智能を十分に活用させることも不可能にされているようである。

政治機構の複雑化に伴って法律乃至行政技術家としての官吏の機能が重要性を加えて来ることは既に述べた通りである。しかしながらそれと同時に注意すべきことは、技術家もしくは専門家の陥り易い一面性乃至偏狭性である。専門家はただ自己の専門の角度からのみ物を視ることになりがちである。法科出の者は単に法科的な角度からのみ物を観る。かくては社会並びに制度の根本的な改革は期し難いであろう。そこに素人の意見というものの重要な意義がある。素人は専門的知識に乏しいにしても、それだけまた物を大局から眺め、全体を直観的に捉え、自己の良識に訴えて健全な判断を下し得るところがある。政党人が無力になったのも、政治が技術化したことによるのではなく、却って彼等があまりに職業的な政治家になったことによると云い得る。専門家のデカダンスを救うものは多くの場合において素人の良識である。法科万能の弊はその法科的な一面性或いは偏狭性の弊である。そしてこれは現在の教育制度における重大な欠陥を示すものにほかならぬ。我が国の教育はあまりに形式的であって、各分科間に融通がなく、法科の学生は殆ど全く法律のことだけを教えられるに過ぎない。この頃人格教育ということが喧しく云われ、官界でも人物とか人格とかいうものが大いに問題にされている。吏道振粛もその辺にあるらしい。しかるに人格教育は所謂智育偏重を排して道徳教育を強化することにあるかの如く考えられているのは間違っている。人格教育の要点はむしろ専門的偏狭性を矯正し、普遍的教養に対して準備することに存する。それは智育を軽んずることでなく、智育を愈々重んじて普遍的に拡大することに存する。先達て文学者と官吏との関係が問題になり、外国の政治家には文学に理解のある者の多いことが羨望されていたが、これなども我が国における法科万能即ち法科的一面性に関聯したことであろう。

法科万能に必然的に伴っているのは官僚的形式主義である。法科的頭脳はとりわけ形式論理的な頭脳である。官吏が何かを改革するとなると、いつもただ形式を厳格にすることになりがちである。或いはその形式主義に制限されて改革も実質的に行われ得ない場合が多い。実質的な改革が容易に進行しないのも、法科万能によって妨げられていることが少くない。また民衆の生活が官僚的形式主義に累せられてどれほど窮屈なものになっているかを考えてみなければならぬ。官吏が威張ると感ぜられるのも、官吏の道徳的心情に関するよりもかような形式主義が民衆の心理に及ぼす結果であることが少くないであろう。一般に官尊民卑は法科万能ということと密接な関係をもっている。後の弊が除かれるならば、前の弊も除かれるであろう。

長岡半太郎博士は『研究の自立』と題するまことに興味深い講演の中で云われている、「特に私の耳触りな言葉は先例という官僚的な言葉である。是も日本人の偏狭性から来たものだろうと思うが、役人などはすぐに先例がないと言う。研究する者は学問の先例が悪いからそれを打破って、新しいものを建てて行こうというのである」(『改造』三月号)。長岡博士はそこで日本人の潔癖について述べられているが、潔癖は形式主義と結び付く。博士はまた屢々「漢学癖」の弊害に言及されているが、儒教的倫理に形式主義的なところがある。儒教は古くから日本の官僚イデオロギー、言い換えれば「吏道」の形成に大いに与っている。広田内閣の掲げる吏道振粛がかくの如き封建的なものの復活乃至強化にならなければ幸である。

嘗て或る人は日本の官僚を評してこう云ったことがある。我が国で官僚として立身出世するには、何はともあれ間違いを起さないことが大切だ。九十九善い仕事をしたとしても、一つの間違いをすれば、再び浮び上ることは非常に困難であって、それよりも、危険の伴う仕事には積極的に手を出さず、むしろ消極的に一つも間違いをしないように心掛けることが賢明だ。つまり百マイナス一よりも零を百加えた方が大きいというのが官僚の数学である。官僚のイデオロギーは九十九よりも零が大きいという数学に支配されている。おとなしく勤めておりさえすれば、年功によって自然に地位も上って行き、やがて恩給を貰うこともできる。なまじ積極的に仕事をしない方がよいのである。立身出世第一主義の弊風の範を垂れているのは官吏であると云うのは、言い過ぎであろうか。栄達の道は仕事よりも所謂遊泳である。仕事によって自由に競争する余地は少く、立身出世はむしろ派閥、親分子分の関係等、封建的なものによって規定されているのである。

今日の少壮官吏はもとより以前とは同じでないであろう。しかし積年の弊風は容易に抜き難い。なぜなら、それは個々の人間の心の持ち方から来たことでなく、却って根本的には制度の罪であるのだから。例えば、最近二・二六事件の直後、この事件に刺戟されて、某省の少壮官吏の間に、これまでのように遊泳術としてゴルフ、碁、釣などに凝ることをやめて、官界の革新に努力せねばならぬという意見が捲き起っていると新聞に報道された。それは実に結構なことであるが、この報道は反面から考えれば、たまたま、この瞬間に至るまで旧弊の依然として存在していたことを語るのである。青年官吏よ、何処へ行くか。これは………の問題と共に我々の重大な関心でなければならぬ。(一九三六年五月)

＊編集部註　文中の「………」は雑誌掲載時の伏字を意味する。本書でも原文のままとした。

対外文化の国内問題

某私立大学の関係者から聞いたところに依ると、この頃支那では日本の「大学」の評判があまり好くないということである。そのわけはこうだ。

最近支那の大学では、厳選方針を採っているということもあって、十人に一人の割合でしか入学できないような状態であるが、そのために学生の質は善くなっている。日本へ来る民国留学生にはこの自国の大学へ入ることのできないような頭脳の者が多く、しかも日本の某々私立大学においては殆ど無試験で彼等を入学させている。そして授業料を払っていさえすれば、無事に免状が貰えるのである。こうした結果、日本の「大学」の声価は次第に失墜している。

ついでに同じ人が話していたところに依ると、日本へ来る留学生の中でも優秀な者は支那の各省政府などから学資が出ており、外務省の対支文化事業部から補助を受けているような者はあまり優秀な学生でなく、かようなことからも日本の評判は好くないということである。

もし右の如き事実があるとすれば、日本の対支文化政策上大いに反省を要するものがある。

私立大学の或るものが単に授業料を目的として質を選ばずに支那人を入学させているのは、それが営利会社化している一つの証拠であるが、その経済状態のあまり好くないことを示している。いつも議会の季節になると、私立大学では政府の補助金の増額運動を行っている。近年日本文化の対外宣伝のために政府は莫大な金を使っていることを考えると、支那において日本の「大学」の評判を好くすることなど、日本文化の宣伝にとって差当り最も大切なことである故に、その点から私立大学の補助金を増額する理由もあるわけである。外国は日本の外にあるものとばかり考えてはならない。外国は日本のうちにもある。それが今日の世界の状態なのであって、日本文化の対外宣伝などといっても外ばかり見て内を善くすることを考えなければ、その宣伝は片端から毀れてゆくのである。

尤も、私立大学自身の立場としては、政府の補助金ばかり狙うボロ会社の真似をして貰いたくないものだ。現在すでに一、二万円の補助金のために私立大学の独立性がずいぶん失われているのである。それとも私立大学精神などというものはやがて全く消え去るべき運命にあるのであろうか。最近においても京都の同志社では御時世のために「新島精神」がなくされたというので問題を起しているようである。

（一九三七年三月）

試験と学制改革

入学試験一科目制は安井文相の一枚看板であり、謂わば「専売特許」である。安井氏が大阪府知事時代に管下の中等学校における入学試験に国史一科目のみを課したということは、氏を「有名」ならしめた事実である。その安井氏は文相になると早速、省内の役人に命じて入学試験制度について「調査」を行わしめ、その結果に基いて矢張り一科目制の断案を下し、かくて中等学校の入学試験はなるべく一科目にするようにとの通牒が文部省から各地方長官宛てに発せられた。文部省がどのような調査を行ったのか、私は知らない。しかしそれが結局安井文相の専売特許である一科目制に都合の好いものであったとすれば、およそ官庁の「調査」なるものの性質が分るような気もせられるのである。

安井文相の就任当時、一新聞記者が文相に水を向けて、国史一科目制についての氏の意見を求めたとき、文相は、数学の如きは応用問題が無限にあるから、これを試験科目にすると生徒の準備のために心身を労することが多くなる、という風に答えた。私はこの記事を新聞で読んだとき、官吏中の俊秀として知られる安井氏にしてなお斯くの如きかと歎息し、新文相の教育に関する見識についてやや不安にならざるを得なかったのである。

なるほど国定教科書に書いてある歴史の内容は一定している。そのうえ、この頃ではそれを自由に解釈したり、それに自由に附加したりすることは禁ぜられている。即ち国史には応用問題はない、従ってその試験は暗記試験となる性質をもっている。然るに今日試験の弊害の重要なものの一つは実にこの暗記試験にあるのではないか。大学においても法科の試験は、また高等文官試験はかような暗記の性質を多くもっていると云われるのであるが、安井文相の意見は法科出の秀才、模範的な官吏のイデオロギーに相応するものであろう。暗記試験によって優劣を決めようとする場合、暗記しておかねばならぬほどの重要性を有しない事柄の暗記までもが生徒に強いられることになる。かくして知識は形式的なものとなり、瑣末な事実はよく知っているにしても、国史の「精神」そのものは却って捉えられていないということも生ずる。精神は暗記によって捉えられ得るものでない、精神を捉えるためには各自が自己自身の精神を自由に活動させることが必要なのであるが、暗記はそれとは逆のことである。国史の精神が捉えられないということは国史を奨励する趣旨にも反することになり、国体明徴も形式的なものとならざるを得ないのである。それのみでなく国史の見方もつねに不変なものでない。不変なものでない故に、国定教科書ですら時々書き更えられるのである。文部省で多くの学者を集めて作った『国体の本義』すら議会で問題になったではないか。不変なものでない故にこそ国史の「研究」ということも可能であり、必要でもあるのである。研究は「暗記」であるよりも「応用」である。国史の研究にも無数の応用問題を解かねばならぬ数学などと同じ精神が必要なのである。国史には数学のような応用問題がないと考える者に果して歴史的認識の本質についての理解があると云えるであろうか。歴史の研究においても応用が自在に出来るような精神、創造的な精神が要求される。ファッシズムの如きものにしても創造的な精神の活動なくしては発達し得ないのであって、我が国における官僚ファッショと云われるものの弊害も、外国のファッシズムを暗記的に輸入することから生じている。否、ファッシズムそのものの弊害は、人間の自由な創造的な精神を高圧するところに存している。安井文相の国史一科目制はこのようなファッシズム的傾向を有するものではなかろうか。それのみでなく、文相の意見は数学の性質についての誤解を含んでいる。なるほど数学の応用問題は無数にある。しかしそれら無数の応用問題の一つ一つを暗記していなければ数学が分っていないのではない。原理的なところがしっかり摑まれておればどのように多くの応用問題も解くことができるというのが数学の性質である。従ってその点においては数学は歴史よりも却って簡単であると云える。

入学試験一科目制については、既にその当時、理論上からも、また実際上からも――即ち例えば、国史一科目であれば、どれもこれも同じような答案ばかりで甲乙をつけるのに困難であるというが如き――種々の批評が出た。安井文相はそれを知らない筈はないのである。(尤も、自分に都合の悪い批評は、特に彼が権力を有する地位にある場合、なかなか耳に入らないもので、もしそれを知ろうと思えば周囲の者や部下の者だけの言を信ぜず、自分自身で勉強しなければならぬ)。それら種々の批評にも拘らず今や一科目制を全国的に行おうというのには、自分が「専売特許」として売り出したものに固執するということ(それは普通人間の心理としては尤もなことであるが)以上に、何等かの確信があるのであろうか。

今日の事情において入学試験が行われる限り、一科目であろうが、二科目乃至三科目であろうが、結果は同じである。一科目にすれば生徒の負担が軽くなるというのは形式論に過ぎない。そのために準備教育が廃止されると考えることも空想に近いであろう。なぜなら試験科目が一科目であれば、誰も皆それに集中して勉強することになり、従ってほんの僅かな差異で及落が決せられることになるために、愈々その準備に熱心にならねばならなくなる。数科目の平均点の場合よりも一科目のみの場合の方が競争が激烈になるということは、敢えて試験に限らず人間生活のあらゆる場面において観取し得ることである。また入学試験科目が一科目である場合、その成績の差異が自然少くなるから、口頭試問などが及落に影響することになり、その方面に関して準備教育が行われるということになるであろう。

かような一科目制の弊害は小学校教育そのものにおいて大きく現われるであろう。なぜなら、今日のように小学校の教育が、殊に高学年においては、入学試験準備に集中され、その科目のために他の学科が犠牲にされている場合、入学試験の科目の数が少なければ少いほど小学校の教育は益々偏頗なものになるのである。この点から云えば、入学試験の科目は、上級学校へ進む上にぜひ必要なものに就いて多い方が好いとも云える。

「試験地獄」はまことに憂うべき現象である。しかし翻って考えるならば、入学試験に落第した者も結局どこかの学校へ片附いているのであるから、我が国の中等学校は、私立のものまでも合せるとき、全体としてはそれほど不足していない筈である。試験地獄は、それらの学校のうち特に官公立のものへ、中でも「有名な」学校へ――「有名な」学校必ずしもその内容が実際に善いとは云えないであろうが――入学志願者が殺到するために生じていることである。従ってもし凡ての学校が誰もの入りたがるような善い学校になるならば、試験地獄も大いに緩和され得るわけである。かくして政府として為すべきことは、私立学校に補助を与えてその内容の改善を計るということである。これは金のかかることであるが、しかし入学試験が青年の健康に対して如何に害をなしているかを考えるならば、社会保健省も設置されようというこの際、その金くらいは問題にすべきでないであろう。内容を改善するためには、現在の私立学校の商業主義、その資本主義的経営に対して取締が行われなければならぬ。この方面における教育の「統制」は大いに必要である。しかしながら同時に教育における画一主義を打破し、各学校をしてそれぞれ個性を発揮せしめ、他方各家庭においては子弟の素質に応じて適当な学校を選択するということが大切である。今日の如く画一主義が行われ、各学校について、恰も入学試験の場合においてのように、甲乙丙と採点することができるような状態にあっては、試験地獄は到底緩和され得ないのである。

かくの如くにして入学試験の問題は根本において学制改革の問題に繋っている。そのことは、義務教育八年制の問題は全般的な学制改革の問題と関聯して考慮されねばならぬと云う安井文相にはよく理解できることであろうと思う。ところが実際においては、根本的な改革は何等手を着けないで枝葉のことのみ喧しく云うということは兎角ありがちなことである。入学試験に関する朝三暮四的な改変はもう好い加減にして、学制改革の実行に移って貰いたい。

学制改革は既に久しく歴代の内閣が唱えて来たことである。内閣の変る毎に新たな調査会とか審議会とかが設けられて種々立案されて来たのであるが、未だ嘗て実行に移されなかったのである。これには色々な理由があるであろう。しかもその一つに、新たに大臣になった者が前任者の案を踏襲することを好まず、何か自分自身の案を立てようとするという政治家や官吏にありがちな心理が働いていることも事実であるように思われる。かくてつねに新しい調査会と新しい案が作られはするが、そのうちに大臣が変るということになり、決して実行されるに至らない。政治家や官吏の個人的な功名心の弊害であると云えるであろう。財政とか経済とかの問題になると、客観的情勢に強要されて前任者の案を踏襲せざるを得ないということもあるのであるが、文部行政に関する事柄においてはそのようなことがないために結局改革は実現されずに終るということになる。そのうえ文部大臣は、安井文相の場合もその一つであるが、文政についての専門家でないことが多い。司法大臣や大蔵大臣等は専門的知識を有しない者には勤まらないのであるが、文部大臣は素人でも好いように考えられている。そのために文部大臣にはなりたい人が多いので、林内閣の時には自薦他薦の候補者が何十人か現われたとすら伝えられる有様である。かくの如きことは教育をディレッタンティズムに委ねるものであって、国家の将来にとって実に不幸なことである。この頃文部大臣になりたがる人が多いというのは、国体明徴が政府の政綱の首位に掲げられるようになって以来、文部大臣の位置が最早や以前の如く伴食大臣でなくなったのに依るであろう。しかしかようにして国体明徴のことすらもがディレッタンティズムに委ねられることになりはしないかが惧れられるのである。かくの如きディレッタンティズムが支配している限り、学制改革の如きは行われ難いであろう。もはや調査は必要でない、案はいくらでもあるのである。例えば、近衛公とも関係があると思われる教育改革同志会の案の如き、進んだ所をもった好い案であると思われる。問題はただ実行に移すことである。安井文相に対して青年大臣にふさわしい断行の勇気を期待したいのである。

（一九三七年九月）

時局と大学

学制改革は我が国において既に多年の懸案である。それは早晩実施されるであろうし、また実現されねばならぬであろう、政府の企図しつつあるこの学制改革の中に大学が含まれていることは勿論である。かような制度改革の問題を別にしても、近時文化統制或いは思想統制は次第に強化されつつあり、この統制から大学もまた決して除外されていないのである。学制改革は現内閣においても重要政策の一つとして掲げられており、それは支那事変の勃発の為、未だ具体的に着手されていないにしても、思想統制の方は時局の圧力によって益々強化の一路を辿っている。

かような事情のもとに大学はみずから自己の意志を決定することを要求されている。大学は自己の運命を断じて外部の力に委ぬべきでなく、却ってこれに対して自己の存在を強く主張しなければならない。その意味において東京帝国大学が他に先んじて大学制度審査委員会の設置を企て、その準備委員会が活動を開始したということは、まことに多とすべきである。

制度の問題はもとより単にそれだけのことであり得ない。大学の制度の改革は必ず大学の本質もしくは精神の問題に触れて来る。例えば現在進みつつある思想統制が更に一段と強化されるような場合、それは当然大学の制度の改変を必要とするに至るであろう。大学における制度の問題とその精神の問題とは相関聯している。重要なのはむしろ後者であると云わねばならぬであろう。なぜなら大学の制度の改革の問題は、特に今日にあっては、外部から思想統制の圧力の次第に加わって来る情勢のもとにおいて、大学が自己の本質もしくは使命を妨げられることなく実現し得る為に、如何にその制度を整うべきかということでなければならぬ故である。

大学の使命は、田中耕太郎教授もいわれている如く、真理の探求にある。そこに大学の存在の意義は存するのであって自己の本質を否定し去るべきでない限り、大学はこの使命を忠実に遂行しなければならない。大学の目的を単に技術的訓練に局限しようというが如きは大学の特殊性を抹殺するものである。大学論の根本に関して議論の分れるところは主として大学と国家との関係についての問題であるが、真理の探求という使命は国家の目的と何等矛盾するものでない。なぜなら真理の探求は国家の発展にとってつねに必要であり、また有益であるからである。科学的探求は時として政府の希望するような結果に達しないことがあるかも知れない。その場合には、その結果が真に客観的である限り、時の政府の希望するところが主観的なものであることを示すわけであるから、政府は却ってかような客観的真理に従って自己の主観的意図を反省し、是正すべきであって、かくしてこそ国家の正しい、善い発展は期し得られるのである。真理が不要に帰するということはあり得ない。

大学の使命が真理の探求にあるとすれば、大学はこの使命の遂行に欠くべからざる条件を確保しなければならない。かような条件というのは研究の自由である。国家も、真理の探求が国家の発展にとって必要であり、また有益である以上、大学に対して研究の自由を認めなければならぬ筈である。

今日の非常時局において真理の探求が不要になったのでも無意味になったのでもない。否、むしろ一時の興奮に駆られ易い今日の如き情勢においてこそ、冷静な科学的探求が国家の正しい、善い発展の為に愈々強く要求されているのである。大学は自己の使命に忠実である為に、不当な思想統制を排して研究の自由を確保することが大切である。研究の自由は単に個々の教授や学生の為に要求されるのではなく、大学という一つの団体、一つの社会の為にその使命に鑑みて、要求されるのである。

帝国大学の教授は、田中教授も云われる如く、他の一般の官吏とはその性質と任務とを異にするとすれば、大学自身が官僚化すべきでないことは勿論である。しかるに時世の波に押されて近来大学自身が官僚化してゆくというようなことがないであろうか。大学制度の改革はどこまでも大学の本質の自覚の上に立って行わるべきであって、それが逆に、現在大学の陥り易い傾向であるところの大学の官僚化を却って助長するような結果にならないように特に注意しなければならぬ。時局は大学の使命の益々重きことを感ぜしめる。東京帝国大学における大学制度審査委員会が自己の見識の高さを示すことがこの際期待されるのである。

（一九三七年一〇月）

大学改革の理念

一

教育の改革は今日の課題である。その中において特に高等教育の改革は重要な意義を有している。なぜなら改革の理念はここにおいて最も明瞭に現われるものである。低度の学校においては、その教育の理念は教師には知られているにしても生徒には知られていないのが普通であるに反して、高等の学校においては、それは単に教師のみでなく学生によっても自覚され得る筈であり、また自覚されねばならないのである。自分の学ぶ学校の教育の理念を自分でも自覚している学生にして真に学生の名に値するのである。

教育制度の改革は何等孤立した問題でない。それは今日の社会における全体の改革の問題につながっており、或いは寧ろこの社会における改革の一般的な必要が教育制度の改革をも要求しているのである。とりわけ高等教育機関に就いては、社会における諸々の改革において指導的地位に立つべき人間を養成すべき機関として、その改革が問題になるであろう。かようにして今日における教育改革の問題は、単に個々の制度の部分々々の改革に関するのでなく、根本において教育の理念そのものに関している。近代社会の原理である自由主義の行詰りが一般に感ぜられている、それに相応して従来の教育に対する新しい理念が求められている。今日における教育改革の問題は、単なる制度の問題でなくて一つの世界観的な問題であり、制度上の改革も一定の世界観的な基礎を必要としているのである。

そのことは例えばドイツにおける教育改革論において明瞭に認めることができる。高等教育機関の改革即ちあの Hochschul-Reform はそこでも久しい間の問題であった。そしてナチスに至って現われたのは、アドルフ・ラインのいわゆる「政治的大学の理念」である（Adolf Rein, Die Idee der politischen Universität, 1933)。ラインに依ると、各々の時代には、その時代の意味に相応して、その時代のタイプを表現する一定の大学のタイプが存在する。即ち十四世紀から十七世紀まで、「神学的大学」のタイプが存在した。次に十八世紀及び十九世紀において現われたのは、「哲学的・人文主義的大学」のタイプである。しかるに今や二十世紀において形成さるべきものは、ラインに依ると、「政治的大学」である。そのことは単に、政治の為に特殊な専門の学校を設立するのが肝要であるというが如きことを意味するのではない。政治は現代の運命である、「政治一般はドイツの運命である」とラインは云っている。一時代の問題を単に特殊な専門の学校或いは特殊な教課

――「政治講座」、「政治教育週間」、等――によって解決しようとすることは全く不十分である。本来の意味における政治は、信仰或いは宗教と同じように、何等専門ではないのである。政治は特殊的な専門に止まるべきものでなく、却って universitas 即ち全体とか綜合とかを意味する大学 (Universität) の規定的な原理でなければならぬ。同様の思想はまた例えばハンス・フライエルによって述べられている (Hans Freyer, Das politische Semester, Ein Vorschlag zur Universitätsreform, 1933)。フライエルに依ると、大学の変化は人間並に彼の教養の理念の変化を含んでいる。従って大学の改革は新たに現われた人間並に彼の教養の理念に道を開くことであり、この理念によって導き入れられるものである。そしてヘルデルからフンボルトに至る人文主義的教育の理想に代って今日現われたのは、自己の民族のうちに根差し、自己の国家の歴史的運命に、責任ある者として結び付けられていることを自覚している「政治的人間」の教育の理念である。あらゆる真の教育理念がそうであるように、この政治的教育の理念は、理論的に案出されたとか哲学的に演繹されたとか教育学的に発見されたとかいうものではない、それは現実の必要から、運命の打撃に対する男らしい答として生れたものである、とフライエルは云っている。かくの如き、教育の政治主義的理念は、今日のいわゆる全体主義国において広く主張されているところである。そこに見られるのは即ち政治の優位の思想である。

尤も、政治というものを極めて一般的に理解するならば、どのような時代における教育の理念も、政治的に規定されていないものはないと云い得るであろう。自由主義の大学においても政治の普遍的な支配が存在しないということも、自由主義の政治思想そのものから従ってくることにほかならないのである。自由主義の教育も決して政治を重視しなかったのでないことはイギリスやフランスにおいて明かに見られるところであって、ただドイツにおいてはその自由主義の特殊な発達或いは未発達の事情に相応して、文化主義的な人文主義的教育の理念が現われたのである。文化主義は特殊的にドイツ的なものであった。この文化主義が批判に出会わねばならなかったのは当然であったと云えるであろう。その教育理念は、既に十九世紀の後半において、ニーチェが『我々の教育機関の将来に就いて』(Nietzsche, Üeber die Zukunft unserer Bildungsanstalten, 1871-72) を書いた頃、ドイツにおいても最早や根柢のないものとなりつつあった。人文主義の乃至自由主義の教育理念は批判されねばならぬとしても、しかしそこから政治主義の教育理念が主張されることは正当であろうか。政治的大学の理念は、「文化」の代りに「政治」を、「ワァイマール」の代りに「ポッツダム」を置こうとするものではなく、「文化」を「政治」の方面から把握することを学び、かくして文化に聯関と形態とを与えようとするものである、と云われている。それは文化に対する政治の優位を説く政治主義である。どのような時代の教育理念も、既に述べた如く、政治的に規定されているのは事実であるとしても、そのこととかような政治主義とは同じでない。自由主義の政治思想は却って文化に自由を与え、その自律を認めるところにあると考えられるから。従ってそのような政治主義はただ一定の政治思想、つまり全体主義の政治思想に立って初めて主張されることである。この全体主義の世界観が果して妥当であるか否かが問題である。

社会における自由主義の行詰りは従来の自由主義的な大学の行詰りとなって現われている。大学とは元来 universitas 即ち全体或いは綜合を意味している。ドイツの古典的な人文主義的大学において「哲学」が主要な位置を占めたのもそのためである。哲学は特殊科学に対して全体の学と見られた。しかるに自由主義の行詰りと共に大学の統一的な理念は失われて、大学は現在「専門化された諸科学の百貨店」の如きものとなってしまってい る。形は綜合大学であっても、各科の間には何等の本質的な聯関も統一も存しない。政治的大学の主張が、かくの如き現状にある大学に対して統一的な精神と形態とを与えようとするものである限り、それは正しいと云わねばならぬ。次に自由主義の行詰りと共に大学における学問の研究がまた非現実的なものになったということも事実である。学問の専門化ということは現実からの游離に対する弁護に過ぎず、学問の自由ということも現実の回避の為めの口実に過ぎないようになった。大学の学問は非現実的となり、社会に対して指導性を有するどころか、社会とは没交渉であり、国家に対して無責任なものとなった。かくの如き傾向から大学を再び現実に結び付けようとするものである限り、政治的大学の理念は正しいと云わねばならぬ。

かように政治的大学の理念のうちには正しいものが含まれているにしても、我々はそれに全く同意し得るであろうか。それは政治主義であり、自由主義に対する統制主義である。それは政治的統制によって一挙に、大学に統一を与え、その学問を現実に近づけ得るであろう。しかしながら、もしそのことが外部の力によって行われるとすれば、その統一は外面的に止まり、学問の府として大学に要求されるような内面的な統一は得られないであろうし、その現実との接近も学問の本質に相応するような内面的な関係を有することができないであろう。そこに内面的な聯関が存在しなければならぬ限り、政治的大学の主張も「政治」でなくて「哲学」であり、一定の世界観に基くものでなければならぬ。フライエルが、哲学的であった人文主義的大学の理念に反対しながらも、哲学への意志は、大学にとって本質に合したものであるのみでなく、絶対に欠くべからざるものである、と云っているのは当然である。我々の問題はその哲学であり、その政治主義、統制主義、その全体主義の哲学が果してそのまま承認され得るか否かということである。

二

先ず政治教育一般について云えば、その思想の如何を問わず、我が国においては政治教育の不足が感ぜられる。日本の知識階級はおよそ政治的教養に乏しく、政治と教養とは何か反対するものであるかのようにさえ考えられている。それは我が国の現実の政治に知的なところが少く、思想性が足りず、知識階級の興味を惹き得ないことにも依るのであるが、また逆に我が国の知識階級に政治的教養が欠けているところから政治が思想性の乏しいものになっているということもあるのである。いわゆる政治的大学の理念には賛成し得ないにしても、一般に政治教育の我が国において特に必要であることは認めなければならぬ。人間の本質的な規定としての政治存在性について一層深く考えられ、教養における政治の重要性が理解されねばならぬ。政治教育の発達は政治の進歩のために要求されている。この点において現存の教育制度には改革すべきものがあるであろう。

次に大学の統一性と綜合性についても、現在の制度には改革を要するものがある。我が国の大学は法科は官吏の、文科は教員の養成を目的とするというように、元来、職業的専門家の養成を主要な目標としてきた。政治教育の不足もこれと関係しており、また大学に理念的なもの、「哲学」の欠乏していたのもそのためであると云えるであろう。綜合大学の形式は具えていても、綜合の実質は殆ど存しなかったのである。専門的研究はもとより必要であり、これなしには学問の進歩はあり得ない。けれども専門的分化は全体の聯関のうちにおいてその意味を自覚しなければならず、専門的知識は一般的教養を基礎として真に活かされ得るのである。特殊科学の理念的統一と専門的研究の綜合的聯関の見地において、我が国の高等教育には制度上においても改革を要するものがあるであろう。

改革の目標として今日考えられているのは自由主義的教育の克服ということである。全体主義に立つ「政治的大学」の理念はその露骨な例である。従来の日本の教育も一般的には自由主義的であった。そしてその改革は全体主義に依らねばならぬと主張する者が多いのである。確かに、我が国の従来の教育には自由主義に伴う弊害が認められる。その是正の必要なことは云うまでもないが、しかしそれと共に、否それ以上に考えねばならぬことは、我が国の教育にはなお多くの封建的遺物が存在しているということである。このものの弊害は自由主義の弊害よりも更に大きく、その点から考えて我が国の大学においては自由主義の善いところがまだまだ活かされねばならないのである。そうでないと、全体主義といっても封建主義に逆転する危険があり、現にその傾向が見られなくもないのである。従って我が国における教育の改革は、社会の他のすべての方面における改革と同様、二重のものでなければならぬ。即ちそれは一方残存せる封建的なものを清算することであると同時に、他方自由主義を超えた一層高い原理に到達することである。この新しい原理はただ単に自由主義に対立するものであることができない。自由主義は抽象的であると云われるが、全体主義も、それが自由主義に抽象的に対立するものである限り、自由主義と同様抽象的であると云わねばならぬ。しかるに政治的大学の理念に見られるような全体主義の教育思想は、すべての文化を政治に従属させてその自律性を認めることなく、学問研究の自由を否定し、個人を単に全体の道具であるかの如くに考え、かくしてただ抽象的に自由主義に対立することによって、それ自身抽象的な思想に止まるように思われるのである。

真に自由主義を超える思想は、単に自由主義を否定するのでなく却ってこれを止揚したもの、言い換えると、これを一層高い立場において否定すると共に肯定し、これを自己のうちに高めることによってこれを含むものでなければならぬ。逆に考えると、政治の優位を単純に否定することは自由主義の抽象性である、政治の優位は今日の歴史的現実の中から必然的に生じたものであり、現実的であろうと欲する如何なる思想もその必然性を承認しなければならぬ。しかしまた政治の優位は文化の自律性を単純に否定するものであってはならない。文化が政治的にならねばならぬとすれば、逆に政治も文化的にならねばならないのである。

我が国の大学は嘗て十分に自由主義的であったことがなかった。そのためにその教育に統一的な理念が欠けていたこと——自由主義もそれ自身一つの統一的な理念である——、またそのために政治教育が足りなかったこと——なぜなら自由主義こそ政治教育の普及を要求するものである——は、既に述べた通りである。我が国の大学には寧ろ封建的なものが多く残存し、これが先ず克服されねばならぬ。学閥はその一つの例である。学閥は学問上の見解の相違から生ずる「学派」の如く公共性を有するものでなく、一つのギルド的存在である。それを結ぶものは親分子分の関係である。教授の地位なども学問上の能力や業績によって決定されないで「人間的な、余りに人間的な」関係によって決定されることが尠くない。学者としての「適格性」の如きは第二義的な問題となっている。学問におけるデモクラシーは認められず、封建的な身分意識が強く支配し、研究に対する良心と情熱は制限されている。そして今日のように政治が学問に干渉し、「思想」上の適格性が喧しく云われるようになると、封建的な事大思想から積極的に時世に阿る者、或いは消極的に封建的な明哲保身のイデオロギーに従って沈黙を守る者が増してくる。いずれにしても、自己の学問と思想とに忠実であるという、真理を愛し真理に殉ずるという、ヒューマニズム、人格主義が欠けている。特に学生に対しては、その個性を見出してこれを発揮させるような教育、その自発的な研究を誘導し、進展させるような組織が足りない。それらの、並にそれらに類する諸欠陥は自由主義の未発達に基くのであって、その改革は自由主義の正しい意味を理解することによって行われ得るのである。さもないと、全体主義といっても、現にその例が尠くないように、封建的なものの復活となって、それらの諸欠陥を寧ろ助長する結果になるであろう。

もちろん個人主義的な自由主義の弊害はいろいろ現われている。例えば、それは教師にあっては、自己の地位を守ることにのみ汲々として、同僚の運命、学生の運命や全体の学園の運命に対しては冷淡な利己主義となり、またそれは学生にあっては、自己の成績と就職のことのみを考えて、同窓の運命、教師の運命、そして全体の学園の運命に対しては無関心な利己主義となっている。かくの如き態度は全体主義的な自覚によって改められねばならぬであろう。その場合指摘さるべきことは、今日自由主義の弊害は、直接に学問と研究に関する方面においてよりも生活と経済に関する方面において最も甚だしいということである。右の例も根本においては経済生活に関係している。しかし特にその弊害が著しいのは私立の学校の経営においてである。私立の学校の多くは自由主義的経済の営利主義に立っている。教師の待遇は悪く、学生の為めの研究設備、保健施設等の発達の如きは殆ど顧みられない。学校自身が誰の眼にも明かであるような営利主義を採りながら、学生に対して如何に全体主義の道徳を説いたところで、果して徹底的な教育が行われ得るであろうか。現在最も改革を要するのは、この自由主義的営利主義の学校経営である。そしてそれはその性質上政治的な干渉に期待され得るものであるから、政治主義の改革を考える者は、先ずそこから著手すべきであろう。

今日の政治主義の教育思想は、その統制主義の立場から、学問研究における自由の要求を自由主義の思想にほかならないと排斥している。しかるにこの場合にも先ず考えねばならぬことは、我が国の大学には果して研究の自由に対する真実の要求が存在したかということである。外に向っては研究の自由を主張しながら、内においては自己の封建的なものによってみずから研究の自由を束縛していたということがないであろうか。研究の自由という標語はしばしば自己のギルド的特権を擁護するために利用されていたように思われる。研究者はそのギルドの内部において認められるような題目について、その親方に気に入るような仕方で勉強する。彼等は自分たちの仲間でしか通用しない言葉を仔細らしく語り、彼等の学問は一般社会とは固より、他の専門の研究家とも関係のないものになっている。この傾向は政治が学問に干渉していわゆる思想問題が喧しくなると共に一層助長され、かくして研究の自由は今日の困難な現実の問題を回避することの自由となった。大学の学問は社会と国家に対して責任を負わぬものとなり、それがアカデミックな態度であるかのように考えられている。しかし研究の自由は現実を回避する自由であることを許されない。大学の学問も時代によって課せられた現実の問題の解決に身をもって努力しなければならぬ。抽象的に自由な研究即ち歴史の現実から任意に游離した研究に真の自由があるのではなく、真の自由は歴史的に必然的な問題をその態度において自由に研究するところにあるのである。永遠の問題といっても抽象的に存するものでなく、歴史を通じて与えられるのであり、永遠の真理といっても抽象的に達せられるものでなく、現実の問題の解決を契機として現われるのである。かように歴史的現実と情熱的に対質するという意味においては大学は政治的でなければならぬと云うことができ、その限りにおいて政治的大学の理念には正しいものが含まれている。その見地から我が国の大学教育には改革すべきところがあるであろう。しかしまたそのように政治的になることによって大学がただ一時的な問題にのみ没頭することは間違っている。大学の研究はつねに本質的なもの原理的なものに向わねばならぬこと、真に歴史的なものは、永遠なものと時間的なものとの統一であること、かくして例えば古典の研究は今日の問題の研究にとっても大切であること等は忘れらるべきではない。また大学は政治的意義を有する問題に対してもその研究において自主的でなければならない。自主的でなく、ただ時流に追随し迎合するということは無責任ということと同じであって、全体主義がかような無責任な人間を作り易いことに注意しなければならぬ。自由と責任とは離すべからざるものである。研究の自由とか批評の自由とかが無責任な研究や無責任な批評を生じているとすれば、それは自由主義の意味が正しく理解されていないためである。自由の道徳と責任の道徳とは自由主義において一つのものである。

大学の学問は歴史的現実の課する問題と情熱的に対質すべきであるという意味において大学は政治的でなければならぬと云い得るにしても、問題の研究そのものは飽くまで自由でなければならない。その点において近頃の政治主義が研究の自由を否定するのは誤っている。問題は我々にとって必然的に与えられる、しかしその研究においては我々は飽くまで自由でなければならない。なぜなら研究の自由がないならば、客観的な認識に達することは不可能であるからである。客観的な認識は正しい実践にとって必要であり、政治が学問に自由を認めることは学問をして真に政治に役立たせる所以である。客観的な真理は政治家の主観的な意図とは独立に存在するものであって、これに従うのでなければ如何なる政治的実践も究極において成功することができぬ。学問の自律性を認めることは学問の発達にとっては固より政治の発展にとっても必要である。研究の自由を否定することは学問を政治に役立たせようとして結局、学問を政治にとっても役立たぬものにしてしまう。文化の自律性を認めない政治は、政治における文化の力を認めない野蛮主義である。学問はその問題を現実の実践から与えられる、しかし学問は実践の主観的な意図を一旦否定して客観的な立場に身をおくことによって認識に到達し得るのであり、かように一旦実践の立場を否定することによって学問は却って真に実践と結び付き得るのである。理論と実践との正しい関係を把握することは、抽象的に理論の立場を固執する自由主義者にとってと同様、一面的に実践の立場を強調する全体主義者にとっても大切である。

かようにして研究の自由は認められねばならないけれども、それと同時に必要なことは研究の共同である。この後の点において我が国の大学には改革すべきものが特に多いのである。従来研究の共同が欠けていたのは、綜合大学などと称してもその綜合性の理念が明かに自覚されていなかったことに基いている。また学問の公共性についての意識が乏しく、学問を個人の私有物の如く考えるところがあったからである。あらゆる種類の封建的な意識が学問の公共性についての意識の発達を妨げ、そのために研究の共同が十分に行われなかったのである。研究の共同は学問の進歩にとって必要である。研究の自由も研究の共同がなければ個人主義の弊害を生じ易い。研究の共同によって特殊的なものは全体的なものに関係付けられ、研究の自由は現実的になることができる。この点において自由主義の抽象性は全体主義的な観念によって具体的にされねばならぬと云えるであろう。それはしかし研究の自由を否定することでなく、研究の共同は他方研究の自由があって現実的になり得るのである。自由なもの、独立なものの共同にして初めて真の共同である。研究の共同は単に教師の間のものでなく、また学生の間のものであり、特に教師と学生との間のものでなければならぬ。教師と学生との人格的な接触を基礎として、ソクラテス的対話の展開によって研究の共同が実現されなければならない。研究の共同は大学の理念そのものである。研究の共同こそアカデミーの、universitas としての大学の起原と共に本質を規定するものである。ただ研究の自由をのみ求めて研究の共同を忘れることは学校という共同体の意義を理解しないことである。我が国のすべての学校のうちに研究の共同の理念の実現されることが必要である。

三

今日の大学は職業教育の機関になっていると云って屢々非難されている。この非難には正しいものがあると共に間違ったところがある。大学は単なる職業的知識以上に、「教養」を与えねばならぬと云うのは正しい。教養とは職業人として必要な知識でなく、あらゆる職業人が人間として有せねばならぬ普遍的な知識である。かかる普遍的な知識の学校であることによって大学は universitas の意義を有し得るのである。しかしこの教養は従来の如く単なる文化主義の立場から考えられてはならない。政治的大学の思想がたとい一面的であるにしても主張しているように、政治的教養は大学の努力すべき教養において重要な地位を占めねばならぬ。また従来の人文主義的な教育思想は職業教育を不当に軽蔑する傾向があった。職業はすべての人間にとって本質的な意味を有している。職業教育は大学においてもその教育の重要な部分でなければならぬ。必要なことは一般的教養と職業教育との関係を正しく把握することである。

先ず普通に職業は専門と考えられている。それは分業の事実に基き、従って技術を中心とする。職業教育は専門教育であり、技術の教授を目的としている。技術教育は大学の教育においても決して軽視さるべきものではない。教養といっても、専門的技術的知識の基礎を欠き、これと内的に結び付いていないならば、単なるディレッタンティズムになってしまう。しかし他方専門は特殊的なものとして全体の中においてその意義を自覚することが大切である。一般的教養というのはこのような全体的理念を与えるものでなければならぬ。教養を単なる博識と考えることは間違っている。博識は全体的な立場に立つために必要であるまでである。人文主義の教育においても、教養の普遍性のもとに元来全体的なもの、理念的なもの、哲学的なものを考えたのであるが、それがやがてただ博識を意味するように堕落していったのである。技術は或る意味では手段に過ぎない。これに目的を与えるのは全体的理念である。今日の政治的大学の思想において特に明瞭に主張されているように、大学は指導者の養成を目的とするものであるとすれば、大学は理念的なもの、世界的なものについて教養を与えなければならぬ。もちろん職業教育は欠くべからざるものであり、かくて大学は自己のうちに職業と理念という二重の性格、二重の構造を統一することを要求されている。

技術的知識は専門的特殊的知識である。それは特殊的知識として一般的理論的知識と結び付かねばならぬ。言い換えると、技術的なものは理論的なもの（科学）と結び付かねばならぬ。技術は科学を基礎とし、理論科学の発達は技術或いは応用科学の発達にとって必要である。しかるに今日の政治主義の教育は政策的なもの、応用的なもののみを重視して、原論的なもの、理論的なものを軽視乃至無視する傾向がある。政治主義はすべての学問をPolitik（政策）に変えようとする傾向がある。しかしかくの如き理論科学の蔑視によっては、実は政策乃至応用科学の発達も期し得ないのである。もとより、一方技術の発達は科学の発達に制約されると共に、他方科学の発達は技術の発達に制約される。科学は技術の発展によって新しい問題を与えられ、また問題の新しい解決の端緒を掴み得るのである。技術的なものは実践的なものである。それ故に科学と技術との関係は、一般的に云えば、理論と実践との関係であり、この関係の正しく把握されることが大切である。

ところで職業教育は技術教育であり、技術は或る実践的なものであるとすれば、前に述べた技術に目的を与える全体的なもの、世界観的なものも何等か実践的な理念でなければならぬ。しかるに従来の文化主義的な教育は、その教養の理念を実践と引き離してしまう傾向があった。教養は実践と没交渉であればあるほど教養的であるかのようにさえ考えられた。この点で政治的大学の思想がその理念において実践を強調しているのは正当である。大学の統一的な理念は単に教養的なものでなくて実践的なものでなければならぬ。それは実践的道徳的なものであるべきであって、それを政治的といっても、政治は道徳的なものであることが要求されるのである。もちろん大学が直接に政治的実践的であることを欲する極端な政治主義は排斥されねばならぬ。大学は実践団体でなく、寧ろ理論団体である。しかしまた理論と実践とを抽象的に分離することは間違っている。

職業はその本質において全体のうちにおける分肢である。個人主義的な職業観念に対して、全体主義がこのように職業の機能的観念を主張しているのは正当である。職業は自由主義の営利観念に従って考えらるべきでなく、全体のうちにおける分肢として機能的意味に従って理解されねばならぬ。その限り全体主義は正しいが、しかし全体主義はその根本の論理である有機体説に束縛されて、個人を全体の道具と見ることになっている。全体に対する個人の機能的関係を言うことは正しいが、個人を全体の単なる道具と考えることは正しくない。それでは人格の観念は破壊されてしまわざるを得ないであろう。人間はもとより単に自己的でなく、全体のための道具或いは手段の意味を有している。人間はつねに一定の役割における人間である。けれども、人間の意味はそれに尽きるものでなく、人間は他方人格として自己目的の意味を有している。人格とは何等かの役割における人間以上のものである。人格とは或る内面的なものである。全体主義はその論理の必然性に従って人間を単に役割においてしか見ることができず、この人間の人格性を無視する傾向を有している。単に機能的に見られた人間は全体に縛られて自由であることができず、しかるに人格とは自発的なもの、自律的なもの、自由なものである。全体に対する個人の関係は機能的にと同時に人格的に考えられねばならぬ。かくして職業もまた単に機能的にでなく使命的に把握されることが大切である。職業とは個人の使命である。使命は個人の全体に対する関係であるが、その関係はこの場合どこまでも人格的に内面的に理解されるものである。全体主義はこれに反して、人間の内面性を抹殺する傾向を有している。それは個人の全体に対する責任を説くことができるにしても、自己自身に対する責任、自己の人格に対する、自己の良心に対する責任を明かにすることができない。人間は全体に対して責任を有すると同時に自己自身に対して責任を有するものである。しかも人間は自主的であることによって全体に対して責任あるものとなり得るとすれば、全体に対する責任も自己自身に対する責任を離れて考えられないと云えるであろう。

学校は職業を教育するのみでなく、人間を教育しなければならぬ。人間の教育には職業的知識以上に一般的教養が必要である。尤も職業人から抽象的に分離された人間というものがあるのではない。人間の教育を主張することによって職業の教育を軽視する人文主義的教育思想は間違っている。人間の教育においては各人の個性を発揮させるように努めることが大切であるが、そのことはまた全体のうちにおける分肢の意味を有する職業の見地においても必要である。しかるに全体主義は統制主義として画一主義の弊に陥り易く、各人の個性の発達を抑圧する傾向を有している。全体は多様なものの統一として力と意味とを発揮すべきであるにも拘らず、全体主義の教育は人間を画一的にすることによって全体の内容を貧弱にする危険があることに注意しなければならぬ。次に人間の教育が単に知育に止まらず、道徳教育でなければならぬことは言うまでもない。そして道徳教育を排斥すべきものでないことは、職業人から抽象的に分離された人間というものが存在しないということによって既に明かであろう。近頃の全体主義が非合理主義として、その人間教育、道徳教育において、知的なものを排斥しようとしているのは誤りであると云わねばならぬ。道徳も広い意味においては技術である。具体的な道徳は人間の歴史的社会的生活における技術を離れてあるのでないことから考えても、道徳には知的なものが必要であり、道徳の理念は単に非合理的なものであることができない。人間はつねに歴史的社会的に規定された人間であり、一定の民族に属し、一定の国家の国民である。従って人間の教育は更に特に国民としての教育でなければならぬ。人間の教育は国家の使命の自覚のもとに行われなければならない。自由主義の教育がその抽象的な世界主義の立場において人間の教育を国民としての教育から抽象して考えたのは正しくない。しかし他方今日の全体主義も単なる民族主義の立場に止まっている限り抽象的であると云うべきである。人間は国民であると共に端的に人間である。教育は「善い国民」を作ることであると共に端的に「善い人間」を作ることでなければならぬ。個人主義といっても単に個人的な立場に立っていたのでなく、カントの哲学などにおいて明かであるように、個人の根柢に超個人的なもの、人類的なもの、世界的なものを考えたのであって、ただその人類とか世界とかを民族や国家を媒介としないで考えたところにその抽象性があったのである。民族や国家を媒介とすることによって人類や世界は現実的に把握されることができる。しかしまた人類や世界を離れて民族や国家を考えることは、民族や国家を離れて個人を考える個人主義と同様の抽象性に陥ることである。人間は民族的であると同時に人類的である。政治の理想は「善い国民」であることと「善い人間」であることとが一致し得るような政治を行うことである。教育の理想は「世界的日本人」を作ることであると共に「日本的世界人」を作ることである。しかもそれらのことは凡て歴史的に把握されることが必要である。大学における教育は日本の世界史的使命の自覚のもとに立たねばならぬ。（一九三九年六月）

補論　「大学の没落」について

京大問題の再吟味

京大事件は六教授の免官によって新段階に這入った。今後この事件はどう発展して行くか。よし法学部の閉鎖という最悪の場合にまで立ち到らないとしても、なお考慮を要する多くの問題が残されていると思う。

第一の点は、去る十七日の本紙の二面にも見えた如く、大学の自由とは何であるか、について明示する責任が文部省に懸っているということである。教授団と文部省とは大学の自由に関する見解の相違を中心として対立して来た。そのあげく六教授の免官となったのであるが、それが右の根本問題に対する解答であり得ないことは云うまでもない。却ってそのことは、今後、凡ての大学教授を研究の自由に関して不安なる状態におき、その結果、さなきだに沈滞を伝えられる学園の研究活動を一層萎縮せしめ、かくて大学の機能の重要な部分が失われるに至りはしないかが恐れられるのである。かくの如き不安を除くためにも文部省は大学における研究の自由の意味について明確に、積極的に指示する責任があろう。

この場合、我々の常識で理解できぬことは、何故に文部省は教授団が許され得るとする研究の自由を認めることができないかということである。今度罷められた教授諸氏を見ても、いずれも穏健な学者であり、殊に佐々木博士の如きは、新総長選挙の際、法学部全教授の棄権にも拘らず、多数の投票が集まったほど、人格識見共に高き人である。そのような人々が妥当と考える研究の自由が何故に拒絶されねばならないのであろうか。

もちろん、如何なる社会においても無制限な自由の許されないことは当然である。教授団もそのことを争いはしていない。然し唯いわゆる「危険思想」というが如き漠然たる観念をもって処分を行うこと、それこそ甚だ危険であると云わねばならぬ。いったい「危険思想」というような語は恐らく他のどこの文化国にも存しない。我々はこの際かくの如き非理論的な言葉を我々の国語からなくするようにしたいものである。何をもって危険と考えるかは、主観的なことに属し、相対的なことである。ある保守主義者が危険と感じる思想も、健全な知識は危険と考えないのが寧ろ普通である。そして瀧川教授の場合の如きはそれで、氏の思想がマルクス主義でないことは、既に多数の専門家並びに識者によって証明されている。危険思想という甚だ曖昧な意味の語を、不用意にか故意にか撒き散らし、そしてそれをマルクス主義と同一視するところから、単なる自由主義者、単なる進歩的思想家に過ぎぬ者の誰彼を、マルクス主義者だとか赤化教授だとか云って騒ぎ立てることが、今日の悪風潮となっていはしないか。かようにして思想恐怖病を世の中に伝播せしめることが思想の混乱と悪化との一原因ともなっているのでないか。思想問題についてほど冷静なる理知の判断の要求されるものはない。元来、学問の研究は進歩を目的とする。単に伝統に従うのであれば、学問の研究はそもそも不必要で、無意味なことであろう。学者が進歩的であることは自然であり、従って彼が保守主義者からはつねに何程か危険視されるということは、極めて起り易きことである。然るにかくの如き、学問の研究にとって本質的な進歩性を認めず、それをいちがいに危険だと称して抑圧し、閉塞せしめるというのでは、学問の研究は一般に不可能なこととなるであろう。

第二の点は、京大法学部以外の、他の大学の法学部、並びに一般文化科学もしくは社会科学に関係のある学部の今度の事件に対する態度の問題である。それらの学部も研究の自由について京大法学部と共通の関心と利害とを有する筈である。しかも研究の自由は大学の生命に関するほど本質的な事柄である。ところがそれらの学部のいずれの教授会も、今度の事件について教授会としての意見を何等表示していないのである。

このことは文部省の瀧川教授に対する処分を黙認したことになるのであろうか。研究の自由の問題についての文部省の処置に疑問のないことを意味するのであろうか。この点を明瞭にしておくことは、今後同様の事件の発生する可能性があると称せられている際、他の学部にとって全く必要なことではないか。もし文部省の今度の措置に不同意でありながら、その態度を表明しないでこれを黙認したということになれば、今後他の大学また他の学部にも万一同様の事件が起った場合、その教授会は文部省に反対する理由を失うか、少くともその抗議は甚だ無力なものとならざるを得ないであろう。

まして研究の自由についての文部省の見解なるものが決して明瞭ではないのである。文部大臣と小西前総長との間に取り交わされたという申し合せを見ても、少しも問題の中心には触れていないのである。要求されているのは、もっと具体的なものでなければならない。今度の事件の根本は教授の思想問題である。従って或る教授の抱懐し発表する思想が大学における研究の自由の範囲を越えるかどうかを決定するに当って、そのことについては当然専門家であり、最適任であるべき教授会の意見を尊重すべきである、というような原則が確立されない限り、研究の自由は現実的には保証されていないと云わねばならぬ。

なるほど今度の事件について東大法学部の若干の教授はその意見を発表された。然しそれを個人の資格でするのと、教授会の名においてするのとは、全く意味が違い、今後の問題にそなえるためにはどうしても教授会としての意見が表示されることが必要であるように思われる。そしてもし今度の事件によって研究の自由が蹂躙され、もしくは不明にされたというのであれば、この際、その自由を確立し、明瞭にするために努力すべきは当然である。

他の大学の個々の教授諸氏が発表された意見を見るに、多くはただ研究の自由に関する抽象的な議論であるか、或は文部省がとった手続の不当を指摘したものであったようである。もちろん手続の問題も決して重要でなくはないにしても、問題の根本はどこまでも瀧川教授の思想である。この思想がマルクス主義であるかどうか、それが大学において到底許し難きものであるかどうか。この点を明かにしさえすれば、研究の自由ということもおのずから具体的に決定されるわけである。まさにこの点について、我々は、専門家であり且つ瀧川氏と同様に大学教授の地位にある人々から、その意見が聴きたいのである。マルクス主義そのものの「研究」も大学では自由であるかどうか、というような問題に比しては簡単なこの問題について世間一般に向って明かにしてやることは、今日特に必要なことであろう。「思想」に関して俗論の横行するのは最も危険である。

第三の点は、今後の学生運動の問題である。問題の中心は今日主としてこの点に移ったかの如く感じられる。丁度暑中休暇に這入って学生運動は中絶された形であるが、それが新学期の開始と共に再燃するであろうことは誰も想像することである。その場合、当局は如何なる処置をとろうとするのであるか。

我々はこの学生運動の性質を正しく認識しておかねばならぬ。それが正義を愛する純真な心情から発したものであることは疑われないと思う。これを色眼鏡をもって見て何等かの左翼的運動であるかのように考えることは間違いである。由来、わが国では自由思想が十分に発達しておらず、封建的乃至官僚的思想がなお多分に残存している。そのためにどのような運動でも色眼鏡をもって見て、いちがいにそれが「危険思想」にもとづくかの如く考える弊が少くない。かかる官僚的態度が却ていわゆる思想悪化の一原因ともなっているのである。まして左翼的ということを「口実」にして運動を弾圧するが如きことは、最も慎むべきことでなければならぬ。純真なる学生の運動に対して一片の口実を設けて弾圧を加えるが如きことがあれば、それこそ思想を悪化せしめる原因となるに相違ない。もちろん数千の学生のうちには或る少数の左翼的分子が混入することは可能であり、寧ろ致し方のないことである。事の当否はともかく、このやむを得ざる事情を当局が弾圧の口実としないことが望ましい。

京大当局は従来この学生運動を黙認して来た。またその経済学部、文学部などは長期の休講を行うことによって、事実上、この運動に便宜を与えて来た。従って京大は今後も学生運動に弾圧を加えることなしに問題を円満に解決すべく十分に責任を負わされているのである。しかも学生運動の問題は六教授の罷免によっていよいよその解決が困難になって来たのではなかろうか。同じように研究の自由と学園の自治とのために戦って来た教授たちが免官になったのを坐視することは、理においても情においても忍び難いことであろう。松井総長の腹案なるものが果して学生を満足せしめるかも疑問である。かくて残留教授によって法学部のいわゆる「建て直し」ができたとせよ、そのとき京大事件の中心は学校当局対学生の問題に一転するものの如く推察される。

学校の警察化ということがしばしば問題にされている。教育を任務とすべき学校が学生に対し警察の如き態度をもって臨むということは、まことに憂うべきことである。研究の自由のないところに真の大学がないのと同じく、教育的立場を棄て弾圧を事とすることは大学の本来の立場を失うことでなければならない。これもかれに劣らず重大な問題である。然らば、大学の使命たる研究の自由のためにもかくにも闘って来たもしくは闘うことを認めて来た京大は、今後学生の運動に対して弾圧を加えることによって大学本来の任務をみずから放棄すべき理由を有しない筈である。京大当局は学生運動に対して如何なる新しい態度をもって臨もうとするのであるか。今度の運動は、これを弾圧するとき特に学生の思想の悪化を招き易い性質のものである。それを万一弾圧せねばならぬこととなれば、その責任はかくの如き学園未曾有の混乱を惹き起すに至った根源に遡って追究されねばならぬであろう。

（一九三三年七月）

医博濫造のセオリイ

この頃世人の心を打つ多くの事件の中にも、教育疑獄や博士売買の如きことが現われたのは、何と云っても遺憾である。後の事件は今日の大雑誌で取り上げられ、『中央公論』では安田徳太郎、高田義一郎、佐々弘雄、そして清野謙次、その他の諸氏が、『改造』では再び安田徳太郎氏が執筆されている。なお『文藝春秋』の社会時評の中で戸坂潤氏もこの問題に触れている。安田氏の云うように、かかる不祥事件が我が国医学の発祥地長崎に現われたということは皮肉な歴史的運命と云わねばならぬ。

医学博士の濫造ということは既に以前から云われていたことであり、このような事実の生ずるに至った原因が博士の肩書は医者の場合には特別の商業的価値を有するところにあるということは、諸家の一致して認めていることである。その直接の動機が、学問以外にあるとしても、その結果、清野博士の云われるように、多人数寄り合わなければできない研究もおかげで出来上るし、そして各論文共に多少の新知見を保有しているから、天才的の創意論文はたとえ少いにしても、学問全体としての水準線はそのために年と共に高まり、これが土台となって他日天才的創作を生む種ともなっている、と考えられるであろう。そこにへーゲルのいわゆる理性の狡智がある。歴史の理性は各人の虚栄心や利得心を働かせて個人的な目的を追求させながら、その実、或る普遍的な理性的な目的を実現してゆく。自己の功利的目的からにせよ博士になりたい人が多数存在するということが日本医学の進歩の基礎ともなっているのである。安田博士によると、今日の事情では指導教授から与えられたテーマを研究するのでなければ博士になれないそうであるが、そういうことにしても、一小部分だけの研究になり易い自然科学の方面において研究を綜合的に大成するための利益の方面をもっているであろう。

ただ困るのは患者が博士の肩書を信用し過ぎるということである。今日の実状では博士になる者の多くが基礎医学の方面で臨床の方は少く、それだのに一般患者は博士を「学者」としてでなく「医師」として立派な人と考える傾向があるというのは困る。「素人に肩書きにたよる勿れと云うのは無理かも知れないが、医者は経験と手腕と人格とに依頼すべきであって、医学博士の肩書は何の意味を示すものなるやを知って居ってもらいたいものである」と清野博士は書かれている。

「医師」は技術的方面の知識、経験、手腕をもっていなければならぬ。基礎医学の知識ある者必ずしも臨床上のことに勝れているとは云われない。そこでもし肩書が必要であるならば、現在の医学博士の称号のほかに、一等医師二等医師というような臨床技術上の区別を設けることも考えられるであろう。そしてもし医学博士が「学者」の資格を意味するならば、それが現在よりも遥かに高い標準にならねばならぬことは当然である。

今度の長崎医科大学の事件にしても、その根柢に学閥関係があるということである。これは社会の殆ど凡ての方面に見られることで、甚だ悲しむべきことである。およそ学者が自分と同様の傾向の新進を集めるということは自然のことである。これが純粋に学問上の立場とか主義とか方法などいうものに従って行われるならば、そこに一学派が形成される。「学派」は然し「学閥」と同じでない。日本の学界を見渡すに、そういう学派というものがあまりに少く、却って学閥が大きな勢力を占めている。学派が学閥に代らねばならぬ。学徒が一定の学派のためにその学派の学問的発展に尽すということは当然のことであるが、今日の実際では青年学徒は学派的活動をなすよりも徒らに小さい独創家をもって任じ、そして他方学閥関係に結び付くことに一生懸命になっている。それには学問上の偉大な指導者が少いということもあろう。指導教授たるものが一片の私情や黄白で動かされるようでは仕方がないではないか。

（一九三四年一月）

学位問題

さきほど文壇は賞金問題で賑わうた。その後を承けてというわけでもあるまいが、いま一学位論文に端を発して学園騒動が起っている。先達ては文芸懇話会の賞金の出所がだいぶん問題にされたが、今度は論文審査の教授会における白票問題が議論の出発点となっている。

賞金は或る「業績」に対して与えられるものであろうが、学位は一定の「人間」に対して与えられるものであろう。だから賞金は、学術上の業績に見られる如く、数人の共同研究の結果である場合には、それら数人に共同に与えられる。しかるに学位は分割されない、それは業績というよりも人間に対して与えられる。もし数人の共同研究に成る論文が学位論文として提出されたとすれば、どうなるであろうか。私は学位に関する規定を詳しく知らないが、もしも学位が業績に対して与えられるものであるならば、その場合それら数人がその論文によって同時に博士になり得る筈である。賞金は、同じ人間が自分の業績によって数回受賞することも可能であろうが、学位は、一度授けられると、生涯保持されることになっている。

尤も、業績と人間とは全く別のものでなく、或る人が学者として資格があるかどうかは業績によって判別するのほかないから、学位授与も論文によるのは当然であるが、対象は人間である故に、なにもいわゆる学位論文だけでなく、その人の過去の業績及び将来に予期され得る業績が考慮に入れられなければならない。学位が人間に与えられるところから、診療とは無関係な研究で医学博士になった人間も、診療の名手であるかの如き誤解を世間に与えるようなことも生じているわけである。

学位が人間に与えられるものとすれば、その決定に際して白票は無責任なことと云わねばならぬ。問題の杉村助教授の論文が哲学に関係しているため、自分たちには分らないとして白票を投じたという当局者の釈明もあったようであるが、同じ学校にいる者には杉村氏が学者として博士に値するかどうか、平素の仕事からも分っていなければならぬ筈である。それも分らないとすれば、同じ教授会は同氏を助教授に推薦する資格もなかった筈である。或る専門学者の書いたものを他の専門の者が残りなく理解できないとしても、その人が学者としてどれほどのものであるかは、学者としての常識で判断できる筈である。

福田博士、左右田博士の時代、日本の経済学界をリードした東京商科大学も、今や元の「専門学校」となり、「専門学者」ばかりとなってしまったのであろうか。（一九三五年九月）

派閥の醜争

先般九州帝大医学部附属病院において、重病の婦人患者手術中の一博士を数名の同僚が室外に拉致して暴行を加えたという事件が生じた。これは単に学内の不祥事件にとどまらない。人命を預かる医者としての責任があくまでも追及さるべきである。

この不祥事件は派閥の暗闘に基くと伝えられているが、近年多くの官立並びに私立大学における騒動がこの種の暗闘に原因を有することに注目しなければならぬ。由来、学校騒動は日本の名物であると云われている。その学校騒動も、往年の思想問題に影響された学生ストライキ時代には幾分明朗なところもあったが、この頃の如く教授自身の間の暗闘が原因であっては如何にも陰気である。派閥の争いというような封建的なものが、最高の文化人と目せられる大学教授の間に存在するということは顰蹙すべきことである。

派閥の醜争は我が国の社会の諸方面において認められる。その弊害はもとより少くないが、なかんずく遺憾なことは、かような争いのために社会から優秀な人物が失われるということである。派閥の対立するところでは、特色ある人物は斥けられ、両派のいずれからもあまり問題にならないような平凡な人間が用いられる。また一つの派閥に依頼する者は、その埒内から食み出して自由に自分を伸ばすことができず、人間も学問も小さくなってしまう。今日我が国の社会の各方面において人物払底が歎ぜられているが、その重要な原因の一つは派閥関係にあると思う。

派閥は主義や思想の対立に基くものでない。それは客観的な、公共的な原理に依る結合ではない。派閥の争いの盛んな我が国においては、却って、真の意味での学派の対立の如きものは存在しない。反対者の立場というものが認められず、重んぜられず、また無力であること、我が国における が如きは稀であろう。流行というようなものによって総てが一色に塗られてしまう。しかも、いわゆる全体主義の思想で塗りつぶされたように見える今日においても、派閥の分裂、暗闘は依然として到る処に存在する。反対者の立場を認めて公けの場所を与えよ。これが派閥の弊をなくする道である。

（一九三六年八月）

大学の権威

一

　大学に於ける「事件」は次から次へ現われて来る。大学はもはや平和の園ではない。大学もまた嵐の中に立っている。極く近いところでも、京都の同志社大学事件、東京帝大の矢内原教授事件等、官立たると私立たるとを問わず、大学の事件は跡を絶たない。そして甚だ遺憾なことは事件の起る度毎に、社会における大学の信用が失われ、大学の権威が墜ちてゆくように思われることである。これは大学の存在の本質に関わる重大な事柄である。裁判所に権威が認められなくなった場合、裁判所の存在は疑われねばならぬように、大学もその権威が認められなくなった場合、その存在が疑われねばならぬであろう。大学の権威は勿論その建物や設備に存するのでない、それはその教授の有する位階にも、その学生に与えられる称号にも存するのでない。大学の権威はなんら特権階級的のものであり得ないし、またあるべきではないであろう。大学の権威が疑われるようになった今日、大学の権威はいったい何処に存するかについて、教授も学生も深く考えてみる必要があると思う。

近年における大学の事件の先ず一つの特徴は、それが教授間の反目、軋轢に基くと云われることである。そして更に注目すべきことは、この反目、軋轢が学外の勢力とつながりを有すると云われることである。以前の学園事件は主として学生運動に関係していた。学生運動の当否は別にしても、事件の主体が学生であった間は、事件そのものにも明朗なところがあり、外部にいる者もその性質をよく理解することができた。しかるに事件の当事者が教授に移って以来、事件が思想問題である場合にも明朗なところが無く、何か私的なもの、派閥的なもの、陰謀的なものが背後にあるのではないかと感じられるようになった。事の真偽はともかく、それらの事件が学外の或る政治的勢力と連繋を有するもののように噂されるのも、そのためであろう。事件を起すこと自体があらゆる場合に大学の権威を失墜させるわけではない。事件が公共性（エフェントリヒカイト）を欠いているということが、先ず第一に大学の権威を疑わせる原因である。

大学教授も人間であるから、嫉妬、猜疑など、人間的な感情に動かされることがあるのは已むを得ない。けれども大学教授は何よりも学問という最も公共的なものに仕える者である。この自覚があれば、大学の権威に関するような重大な事件において個人的な好悪や愛憎は問題にならず、この自覚に基いて行動される限り、私的な党派や暗闘は存在し得ない筈である。大学はつねに学問の立場に立つことによって最も公共的な団体であることができ、学問に本質的な公共性は大学を特権階級にすることなしに特権階級以上の権威あるものになし得るのである。大学教授も人間である故に名誉心や権力慾を有するのは自然である。それにしても、この頃の事件は「人間的な、余りに人間的な」ものを感じさせる。教授の名誉心は学問の名誉のために仕えねばならず、その権力慾は大学の権威の前に服しなければならぬ。ところが今日の実際は、「学問的良心」というものでさえ私的なものとなっていはしないであろうか。良心はもとより人格的なものである、しかしそれ故に良心を私的なものとすることは正しくない。学問的良心は元来公共的なもの、従ってまた社会的なものである。大学という共同体が一つの良心を有するのであり、これによって大学は権威を有し得るのである。ところが近頃では、良心というものが私的なものとなった上に、更に困難な現実から逃避するための一つの場所とさえなっていはしないであろうか。この危険は、あの「教養論」が流行して、個人の主体的調整が云われるようになって以来、学生の間にも現われている。良心というものが、同僚や友人の運命はどうであれ、自分だけ潔くしておりさえすれば、しかも自分の行動はどうであれ、心だけ綺麗でありさえすれば、それで好いといった風な、個人主義的なもの、主観主義的なもの、独善主義的なものになる傾向は、大学に対する外部からの圧力が激しくなるにつれて、増して来る。この種の個人主義、主観主義、独善主義は、大学に特に著しく残存するインテリゲンチャの特権階級意識のために容易に生じ得るものである。学問的良心は公共的なものとして大学そのものの精神である。大学に属する者はこの共同体の公共的な良心に従うべき義務を有している。

大学は学問に仕える団体であるが、この団体も団体として強力でなければならぬ。しかし大学は政治団体でない故に、この団体を支配するものは権力であってはならない。寧ろ大学は、自己の任務とする学問の研究を……するような……が……た場合、学問擁護の立場において自己の存在を防衛するために強力な団体であることが必要なのである。強力であるには大学の内部に協同が存しなければならぬ。この協同は大学が自ら一個の政治的勢力となるために必要であるというのでなく、元来は学問の進歩発達のために必要であるのである。もしも学問が全く個人的なことであるならば、大学という組織は不要であろう。大学の協同は先ず学問のために要求されるのであって、学問的精神に活かされていなければならない。そして次にかような協同が存在する場合、それはまた大学が権威ある団体として自己の存在を……………………に対抗するための力ともなり得るのである。ところがもし大学が大学教授という職業的利害によって結ばれたギルド的なものに過ぎなくなっていたらどうであろう。その場合、大学の権威は認められないばかりでなく、大学は、将来そこで何等かの地位を獲ようという目的を有する者以外、一般の学生大衆の真実の関心をつなぐことができず、その結果、団体として無力にならざるを得ないであろう。学生の力が加わらない限り、大学は強力であり得ない。かような協同とは反対に、大学の内部に私的な反目や軋轢が存在する場合、それは…………を容易ならしめることになる。そしてもしこの反目や軋轢が…………と結び付く場合、それは学園を破壊するに至るであろう。今日、大学が協同一致して、…に対して学問を防衛する必要があると云われる時において、大学をそのような仕方で内部から……化する者が万一あるとすれば、その者は大学にとって最も……な人物であると云わねばならぬ。

ところで大学というもののうちには、勿論、学生が含まれている。学生がその構成要素となっているということが、大学を研究所やアカデミーなどから区別するのである。学生は大学の活動にとって単に客体であるのでなく、却ってその主体的要素である。その意味において学生と教授とは「仲間」であり、学生も大学における学問の研究について責任を分担している。学生は主体的に、学問の進歩と大学の権威の維持とのために協同しなければならぬ。しかるに今日の学生にかような精神が次第に乏しくなっているのは、何よりも先ず彼等にとって大学は就職のための機関を意味するようになっている故である。或る教授の学問に対する共鳴乃至尊敬からではなく、ただ就職の便宜があるという理由で、その教授の研究室に入る者が多いと云われる現状において、大学の権威などは問題にならないであろう。かようにして今日の学生には自分たちも大学の主体的要素であるという自覚が次第に失われつつあるように思われる。就職が最大の関心となったことは、社会的原因に基くのであるが、この現状において大学の権威が墜ちてゆくことは確かである。

ここで大学の権威というものが歪曲されないために附け加えておかねばならぬことは、我が国の大学には他の所よりも恐らく一層多く封建的なものが残存しているということである。各大学相互間の封建的な封鎖性、教授の徒弟制度的採用法、親分乾分の関係、学閥（学派ではない）や閨閥、等々、その封建性は到る処に認められるであろう。かような封建性が存在する以上、大学の自由などということが叫ばれても、それがどれほど切実な生命的な要求であるか疑問であるであろう。大学の自由は、何か事件が起ったときに、思い出したように叫ばれるのみで、いわゆる日常闘争を通じて真剣に要求されるということがなく、その叫びも今日では次第に弱くなりつつあるではないか。外部に向って自由を要求する大学は、先ず自己自身のうちにおいて大学の自由というものを実現することに努力すべきであって、この点では今日においても政治的権力と衝突することなしに実行し得る事柄が多いであろう。残存せる封建性は大学の特権階級意識の基礎となっており、そして注意を要することは、この特権階級意識が大学の権威と思い誤られていることの稀でないということである。大学の権威について我々がその公共性を強調したのもこれに依るのである。

二

時局の影響を受けて大学の問題もいろいろ変化して来た。一般的に云って、最も前面へ現われて来た問題は、大学と国家との関係である。大学が国家を無視してならぬことは云うまでもない。国家の費用で出来ている官立大学のみでなく、私立大学にしてもその点においては同様である。しかしこの際いろいろ考うべきことがある。

先ず、国家とその時々の政治とは同じでなかろう。国家は悠久であり、政治的風潮は時に従って変化する。時流に追随すること必ずしも真に国家を愛する所以ではない。時流を批判する者が愛国者でないということはあり得ない。むしろ国家の将来を憂うる故に現在の風潮に対して批判的にならねばならぬということは生じ得る。もし凡ての者が無批判的に時流に迎合してゆくならば、国家は却って危いであろう。物を客観的に見てゆくということが学問の態度である。一時的な或いは局部的な見地にとらわれることなく、時間的にも一層広い見地に立って物を見てゆくということが学問の態度である。大学はその生命とする学問の精神に従って時局の正しい認識を得ることに努力すべきであって、それは国家にとって有益でこそあれ有害であるべき道理はない。批判的精神を失い、徒らに時流に迎合するというが如きことでは、大学の権威は疑われねばならぬであろう。

大学が国家に仕えるのはその学問によってである。国家は、学問の進歩発達が国家に必要であればこそ、大学を設立したのである。真理は個人や党派にとって必ずしもつねに好都合なものではない。ところがそのために一部の者が大学の学問を自分に都合の好いように変えようとするならば、それは学問の破壊であり、学問の進歩発達を必要として大学を設立した国家の意志に反することになるであろう。大学教授の場合、自分の弟子が自分の思想を批判するようなことに出会うかも知れない。その時、この弟子の思想が自分に都合が悪いという理由で彼を排斥するならば、その教授は真に学問に仕える者と云うことはできぬ。同じように政治家は、たとい或る大学教授の学問が自分には好ましくないものであっても、国家という客観的なものの立場に立って自己を制御し、徒らに弾圧を行ってはならない筈である。大学の権威が維持されることは国家にとっても大切である。大学の権威は「真理への意志」に基くのであって、国家の理想と真理とは矛盾すべきものではないであろう。

すでに国家は学問の進歩発達のために大学の必要を認めた以上、大学がこの寄託された任務を遂行する上に必要な条件を大学に対して認めなければならぬ。かような条件のうち第一のものは研究の自由である。研究の自由は学問の進歩発達に必須の条件であり、またそれは学問の公共性のためにも要求されている。大学自身としては研究の自由と協同とが決して矛盾するものでないことを示さなければならぬ。しかるに今日の大学においてはその実が十分に示されていないのではないか。そしてそのために研究の自由が外部から脅かされることを多くしているのではないか。そのうえ今日、研究の自由を要求すべき大学において却って権威主義の傾向が著しくなりつつあるということがないであろうか。大学の権威と学問における権威主義とは厳に区別さるべきものであり、我々は後者を否定するだけ、それだけ多く前者を主張するのである。権威主義は事大主義であり、学問に大切な批判的精神の喪失を意味している。権威主義は官僚主義の一種であるが、この官僚主義は、現在、官立大学においてのみでなく、元来は官僚主義に反対して起った私立大学においても、次第に増しているように思われる。それは大学のギルド化や特権階級意識と結び付くことは勿論、この時代の政治的風潮によって助長されている。大学の官僚化を防ぎ得る最も有力な要素は学生大衆であるべき筈であるが、学生の間にすらこの頃では権威主義が見られるようである。権威は個人にあるのではなくて大学にあるのであり、学問と真理とを実現するものとしての大学にあるのである。

研究の自由と並んで大学の存在に必要な条件は、大学の自治である。大学の権威は大学の自治なくしては維持され難い。とりわけ学問にとって有害であるような政治化を防ぐために大学の自治は必要である。教授の任免が政治家の都合によって勝手に行われる場合、教授は安んじて真理の探求という自己の任務に従事し得ないであろう。今日各方面において唱えられている大学制度の改革にしても、大学は自らそのイニシアチヴを取るべきであるに拘らず、その気魄に乏しいように見受けられる。かような意力の欠乏は、大学は社会の「特等席」であるといった風の気持から来るのであろう。ここでも大学のギルド化と特権階級意識とが改革の妨害となっている。但し改革は時流に迎合するためのものであってはならず、その改革においても大学は権威を示すべきである。一体に、個人主義の排斥が叫ばれているこの時代に、大学においては真の協同の精神が乏しいのはどうしたことであろう。嵐の中に立つ大学の運命を真剣に考える者が余りにも少数なのではなかろうか。自分の地位が安全でありさえすれば、自分の就職が確実でありさえすれば、大学の権威などどうなっても好いのであろうか。国内相剋が戒められている場合に、大学において儕輩排斥するというが如きことがあって好いのであろうか。

三

ともかく時局の圧力は容赦なく大学の上にも加わってゆく。大学はもはや社会の「特等席」であり得ない。支那事変に対して大学はこれまで超然主義というものを取っていたが、今やこの超然主義を排して時局に対して積極的に協力しなければならぬと云われるようになって来たのである。しかし超然主義といい、積極的協力というのは如何なることであろうか。

事変の当初インテリゲンチャは冷静であるとも冷淡であるとも云われた。冷静にせよ、冷淡にせよ、そのことがともかく可能であったのは、客観的に見れば、これまでのところ事変の国内的影響がそれほど現われていなかったためである。そして主体的に見た場合人々は果して何等かの確信があって冷静であり、乃至は冷淡であったのであろうか。かような態度そのものが実はオポチュニズムの一種に過ぎないと云えないであろうか。歴史のこの重大な時期に当ってなお就職のことばかり考えているような学生が多くては心細い。冷静ということが現実をできるだけ回避するための一つの口実であっては困る。真に冷静であることは悪いことではないが、やがて何人も冷静であり得ない状態が来た場合にも、なお且つ冷静であり得るだけの確信があるであろうか。その冷静さには果して権威があるであろうか。消極的な態度、回避的な態度には勿論なんらの権威も認めることができぬ。積極的な冷静というものがあるとすれば、それは現実に対してつねに深く関心しながら、しかも批判的精神を失うことなしに、現実の動きを理論的に把握してゆくということであろう。批判的精神と理論的把握とが欠けているところに真の冷静は考えられない。真の冷静はいわゆる超然主義と同じでない。現実に対して無関心な超然主義には積極性がなく、従って権威がない。超然主義をもって大学の権威であるかのように考えているならば、大学は時代から取残されてしまわねばならぬであろう。今日の時代は大学をいつまでも社会の「特等席」としておくことを許さないのである。

しかしながら、超然主義は排斥すべきであるにしても、時流に追随するというが如きこともまた慎しまなければならない。追随や迎合に権威の存し得ないことは、すでに繰り返して述べて来た。徒らに興奮することはなおさら危険である。それでは大学が時局に対して積極的に協力するというのは、いったい何を意味するであろうか。先ず注意すべきことは、大学は政府の政策を樹てるための機関ではないということである。大学は企画院の如きものでないことは勿論、その他何等か政府の設置する調査会、審議会、等々の如きものではない。大学においては学生がその「市民」であるということによって既に、大学は政府の政策樹立のための機関であることは不可能である。大学をかような機関と考えようとすることは、学生の存在を無視したことになるであろう。尤も、大学教授が何か政策を持っているということはあり得ることであるし、また望ましいことであるかも知れぬ。けれどもそれは大学に対してその本来の任務として要求されていることではない。そのうえ、大学教授は事実として政府の設置した学外の種々の調査会、審議会等に席を有する場合が多い——蓋し余りに多い——のであるから、もし何か献策したいことがあれば、この機関を通じてすれば好いわけであって、大学が大学として「時局に献策」すべき必要は存しないように思われる。この点について、このたび「百八十度の転向」をしたと云われる東大経済学部の土方、本位田両教授の談として伝えられることがもしその通りであるとすれば、認識に混同がありはしないであろうか（十一月二十五日附東京朝日新聞参照）。なお進んで云えば、我が国の大学においては、政策を論じたがる学者が余りに多く、反対に純理論家が少な過ぎるのである。これは我が国の大学における恐らく重大な欠陥の一つであり、大学教授の懐く政策というものがどれほど価値のあるものかは知らないが、大学に権威が認められないのは、この、理論の欠乏ということに関係がありはしないであろうか。

新聞紙の云うところに依れば、東大経済学部が「時局に献策」する申し合せをしたことは「実社会各方面に『頭脳の貧困』の叫ばれる折柄まさに一大妙音」ともいうべきものであるとのことだが、今日の社会における「頭脳の貧困」は決していわゆる政策の貧困を意味しないであろう。政策を論じたがる者、政策を持っていると称する者はあり余るほどあるのである。現に例えば北支工作について如何に多くの政策が提唱されていることであろう。その場合もし大学教授の懐く政策に何等かの権威があり得るとすれば、その理論的基礎がしっかりしているというところになければならぬであろう。政策も大学においては理論でなければならぬ。今日の社会における「頭脳の貧困」はまさに文字通りの意味における頭脳の貧困即ち「理論の貧困」を意味している。大学は政府の政策の貧困に対して責任があるのでなく、理論の貧困に対してこそ責任があるのである。時流に対して批判的であるということは、それに対して真の理論的基礎を要求するということである。今日の時局において理論が不要になったわけではないであろう。むしろ益々必要とされているのである。今日問われているのは、大学は如何なる政策を有するかということであるよりも、大学は如何なる理論を有するかということである。これは単に今日そうであるのでなく、つねにそうであるのである。理論は政策の基礎であって、やがて実社会に出て活動する学生が大学において研究しなければならないのも主として理論であり、いわゆる政策というが如きものではない。ところで理論を把握するには、時流のまにまに動くということなく、却って時代の動きを冷静に批判的に観察し検討するということが必要である。もしも現象と本質とが同一であるならば、一切の学問は無用であるであろう。知性者は現象に追随することを許されない。真の理論はもとより概念や論理の遊戯ではない。今日の人々が求めている理論は切実な理論である。大学の権威は、時代と没交渉な概念の遊戯に得意気に耽るということにあるのでないと同様、「政策的な、余りに政策的な」問題を得意気に談ずるということにあるのでもないのである。

時局に対する積極的協力と称せられるものと関聯して警戒しなければならぬものは、大学の政治化である。文化の政治化によって文化の破壊される危険の甚だ多い今日において、大学の政治化も戒慎を要するものの一つである。勿論、学生にしても、教授にしても、政治的関心は持たねばならぬ。その必要は従来すでに繰り返し繰り返し云われて来たことである。それは政治に対する知性的な、理論的な関心を謂うのである。ただ本能的な、衝動的な関心であるならば、現在のような情勢において、誰が政治的関心を有しないであろうか。実際に大切なことは、現象の慌しさに心を奪われて理論的な見方が失われることのないようにすることである。何物にも驚異しないことは自慢にならない、けれどもただ驚愕し、ただ興奮しているのでは知性の権威というものはないであろう。今後まだまだ激しい動きが来るかも知れないのである。政治的関心はつねに活潑でなければならないのであるが、そのために学問が政治に屈服してしまってはならぬ。むしろ現在の情勢においては、政治的関心は学問を政治に屈服させてしまわないために要求されるのである。学問を政治化するのでなく、却って政治を学問的に、言い換えれば合理的にするために、政治的関心が必要なのである。学問が政治に屈服してしまうようでは、大学の権威は認められないであろう。かような屈服が暗黙の間に進行しているようなことがないであろうか。最も忌むべきことは、今日の時代の風潮に乗じ、これを利用して大学の政治化を企てようとする者の存在することである。大学は如何なる意味においても政治的でないというのではなく、また政治的であることが絶対に不可であるというのでもない。只如何なる場合においてもその政治性は学問的精神に反するようなものであってはならず、また大学は学問を擁護すべき立場にあることを忘れてはならないのである。

ギリシアの哲学者は、教育が国家に従属すべきことを主張した。しかし彼等にとって真の国家とは単に権力的なものではなかったのである。プラトンは法律篇の中で、真の教育を単なる職業教育から区別して、真の教育とは「正義をもって治めまた治められることを知れる完全な市民となる欲望と希求とを喚び起すところの徳への教育」である、と云っている。大学の国家への、学問の政治への従属が問題になっている今日、この言葉は想起されるに値するであろう。教育の目的は「完全な市民」を作ることであり、完全な市民とは「正義をもって治めまた治められることを知れる」者のことである。この場合、「正義」ということの力説されているのは勿論、「知れる」ということもプラトンの哲学の本質に鑑みて強調された意味に、即ち理性によってその理由を認識しているという意味に解しなければならぬ。大学の目的は完全な国民を作ることであるが、完全な国民とは治める立場においては固より、治められる立場においても正義に従うことを知れる者のことである。アリストテレスもまた教育を国家に従属すべきものと考えたが、その際国家の権力は理性と叡智とに基かねばならぬと述べている。政治はその権力が理性に基くとき初めて権威を有するのである。政治が単に権力的なものでなく、真に権威を有するものであるならば、大学の精神である真理の意志とは矛盾しない筈である。政治をして権威を有するものたらしめることが、政治に協力しようとする場合、大学の任務でなければならぬ。

（一九三八年一月）

＊編集部註　文中の「……」は雑誌掲載時の伏字を意味する。本書でも原文のままとした。

大学の問題

一

今度の大学の問題において考えさせられることは、大学を支持するような評論が殆ど現れないということである。これは従来の場合と比較してかなり著しい相違である。これまで大学に問題が起ると多くの評論は大学に同情的であり、大学を擁護するのがつねであった。しかるに今度の場合は逆である。時世の変化の大きさが感ぜられる。

先ず気付くことは、以前には問題が起ると早速意見を発表する大学教授があったのであるが、今度は何か申し合せでもあるかのように皆が口を緘して語らないという風である。これにはこの非常時においてはなるべく紛争を避けようという考えもあるであろう。確かにこの時局においては無用の葛藤は避けなければならぬ。けれども他方から考えると、問題はすでに起っているのであり、すでに世間を騒がしているのであるから、大学教授が以前のようにその所信を発表することは当然の義務であるように思われる。しかるにそのことをしないのは、大学がこの問題に対して結局消極的なのでないかと察せしめるものがある。

今度の問題の核心は大学における研究の自由にある。ところがこの問題はその本質において文化一般の問題に関聯している。文化の自由ということは既に大学以外においても大きな問題となっている。しかるに近来大学教授はこのような問題については何も云わないようになっていたのであるが、今自分の足元に火がつくに至って漸く口を開くようになったのである。そこに時代に対する大学の消極的な態度が認められる。

この頃大学の権威を失墜するような事件が多いと云われている。大内問題を契機として爆発した東大経済学部の内紛、京大における山本事件、清野事件等、大学の信用を下落させたことは確かである。しかし大学の権威を失墜させている最も大きな原因は、それら個々の事件以上に、時代に対する大学の一般的に消極的な態度である。

日本の文化がどうなってゆくのかということは我々がいつも心配している問題である。また日本の教育がどうなってゆくのかということも我々がいつも心配している問題である。これらの問題について大学は指導的な地位に立つべきであるにも拘らず、つねに甚だ消極的な、受動的な態度を示している。世間は大学からもはや何等の指導性も期待することができなくなったのである。そしてそれが大学の権威を失墜させている一般的な原因であると思う。時局に協力することが時局に追随することであるとは我々はもちろん考えない。しかしこの重大な時機において回避的な態度を取ることは許されないであろう。

大学に研究の自由が必要であることは我々も認める。しかしその自由は時局を正しく指導するために用いらるべきであって、現実の問題を回避するための研究の自由であってはならぬ。この革新の時代において研究の自由を要求する大学は自己の内部を改革する義務を有している。しかるに大学は自分自身の改革についてさえ極めて消極的であったのである。そのことが今度の問題において大学に対する同情の意外に少い理由であろう。

二

今日の大学において問題になっているのは総長の官選か公選かということのみではない。学生の問題も極めて大きな問題である。しかるにこの問題についても大学はすでに久しく全く消極的な態度をとってきているようである。大学はその学生に対してさえ指導性を失っている。いな、学生については文部省にも指導性はなく、内務省に委ねられているように見える。

今日の学生については色々なことが云われている。近年学生はただ非難されるために存在するようなものである。学生を信頼してはいけないといったような議論がずいぶん盛んである。しかしいったい、学生を信頼するなとか、インテリゲンチャを信頼するなとかといったような議論がいわゆる日本主義者によってなされるのは妙なことである。日本はドイツとは違う、ユダヤ人はいないのである。学生も日本人であり、インテリゲンチャも日本人である。日本主義は凡ての日本人が信頼できるという前提の上に立たなければならぬ。こう云えば、大衆とインテリゲンチャとは違うと云うのであるが、しかし大衆とインテリゲンチャとを抽象的に対立させることは大衆の知的水準を不当に低く評価するという誤謬に陥っているのである。

学生を信頼するなと云う者は、逆に考えると、自分らの思想が学生から信頼されていないということを云っているのである。学生を信頼することができないというのは、学生から信頼されているような思想がないということである。あらゆる革新に青年の力が必要であることは歴史の示すところである。革新を信ずる者は青年学生を信じなければならぬ。そしてそのためには学生から信頼されるような思想を作ることが肝要である。

大学が学生に対して指導性を有しない一つの理由は、彼等の問題に対して大学が余りに消極的であるためである。例えばいわゆる学生狩りについて大学教授は意見を殆ど全く発表しなかったのである。学生の問題を内務省の手に委ねているような大学に指導性があるといえるであろうか。次に更に大きな理由は、学生を引摺ってゆくことができるような思想が大学にないということである。そしてこの点においては文部省も同様であり或いはそれ以上であるように思われる。

学生の指導は直接には大学の責任である。しかるにこの全く簡単な事柄が近年の学生論においてはとかく忘れられている。しかも文部省にも学生を心服させ得るような思想がないとすれば、大学自身にそのような思想が作られるようにしなければならぬ。そしてそのためには大学に研究の自由を与えることが大切であり、大学は何よりもこの時代を指導し得るような思想を作るためにこの自由を活用しなければならぬ。

凡ての国民が納得して従い得るような思想が現にあるのならば研究の自由は必要でないかも知れない。それがないのならばそれを探究するために研究の自由が必要である。そしてまた凡ての国民が納得して従い得るような思想がある場合には研究の自由はすでに問題なくあるのである。

三

いったい改革などというものは内部からはなかなか出来にくいものである。国民に対してはいろいろ革新の注文を出しながら官吏自身はどれほど革新を行っているのかといった声が聞かれるのもそのためである。革新には外部からの圧力が必要であるという意味において、今度文部省が大学の革新に手を着けたのも適切なことであると考えられるであろう。大学の自主的改革といっても、容易ではないからである。

しかし、仮りに大学総長の官選が善いにしても現在の文部省の有様では却って弊害があると見る者が少くない。大学を改革しようというのなら、先ず文部省自身を改革しなければばならぬ。それが文教の刷新にとって急務であるというのが既に久しく世間の常識となっているのであるが、この方の改革は行われそうにない。荒木文相の英断に期待するところが多いのである。

今度の改革案は大学教授が官吏であるということの筋を通そうとするものであると声明されているが、問題は単にそのような法律的形式的なことに止まるのでなく、一層根本的な思想問題であることは誰も考えることである。それでは如何なる思想に基いて改革を行おうとするのであるか。それは自由主義排撃であるとは普通に云われていることであるが、しかしその自由主義排撃の思想とは積極的には如何なるものであろうか。それは日本精神であると云われるであろう。ただその際我々の疑問とするのは、近年日本精神と云いながら現実に行われているところを見るとナチス模倣が余りに多いということである。日本精神と云う以上、その実際の政策においてももっと日本独自のものを示さねばならぬ筈である。翻訳的でなくて創造的であることが大切である。我が国の思想政策に創造性の乏しいのが遺憾である。日本主義といわれているものの内容も一義的に把捉し難く種々雑多であり、それを組織し体系化したものに至っては全くないといって好い状態である。

文部省には教学局とか国民精神文化研究所とかがあり、また日本諸学振興のために年々多額の金が支出されている。しかしそれらの思想機関は国民大衆と接触がなく今ではその存在さえ忘れられようとしている。教学局その他ではかなり多くの出版がなされているのであるが、それらのものは社会の一般人には眼に触れることができないのである。そこに官僚的高踏主義が見られる。その学問が非現実的であって、今日の現実の問題から遊離しているということは大学に対する改革の要望の一つの理由であるが、このような高踏主義は別の仕方で文部省にも存在している。文部省の手で出版される研究報告その他がもっと国民に近づき易くせられなければならない。その思想や思想政策がもっと公共的にならなければならない。思想は元来公共的であるべきものであり、国策というものも公共的なものでなければならぬ。公共性のない官製思想によって国民を指導してゆくことはできぬ。

そして思想の公共性の意義が真に理解されるならば研究の自由の真の意義もおのずから理解される筈である。研究の自由の意義が誤解されているのは思想の公共性の意義が正しく把捉され且つ実行されていないためではないかと思う。

（一九三八年八月）

不安な文化

帝大総長官選問題がともかく片附いて結構なことであると思っていたところ、今度は河合教授の問題が起ってきた。河合教授の問題の当不当について私はここで論じようとは思わない。私の憂えるのは、河合教授の問題が何等かの仕方で片附いたにしても、問題はそれで終結するのでなく、同じような問題が次から次へと生じてくる危険を大学自身が絶えず感じているということである。

かくて一つの問題が済めば続いて他の問題が現われるという有様で、大学がつねに不安な状態におかれているということは、日本の文化にとって甚だ困ったことではないかと思う。それでは教授も学生も落附いて勉強することができないであろう。問題は根本において一教授が如何に処置されるかということにあるのでなく、却って大学がこのように始終不安な状態にさらされているということである。もし大学がそれで安定するものであるならば、或る教授が如何に処置されるかというが如きことは寧ろ小さな問題である。

大学がかように絶えず不安な状態におかれているのは如何なる理由に依るのであろう

か。その理由が実際的に突き止められて不安が根本的に取除かれることが必要であり、教授も落附いて研究に従事することができ、学生も安心して勉学することができるような状態が速かに来るようにしなければならぬ。そのためには原則的にいって当局の思想政策や文化政策の基準の確立され、明示されることが要求されている。

問題は単に大学のみに関係していない。一般に政府の思想政策や文化政策の基準が明瞭でないところから、今日の文化はおよそ不安な状態におかれているのではなかろうか。そのためにインテリゲンチャに折角時局に協力しようという意志があっても勢い後込みせざるを得ないという事情が存在しないであろうか。善き意志を有しながらインテリゲンチャが今なお消極的であることをやめない原因は何処にあるのであるか、当局はその原因について極めて具体的に検討してこれを除去することに努力すべきであろう。

過日の政府の声明にもあったように支那事変の解決は新文化の創造によって可能になるのであり、そのためにはインテリゲンチャの協力が絶対に必要である。近来各方面において折角積極的に動き始めてきたインテリゲンチャを再び後込みさせてしまうことのないように、当局の賢明にして確固たる処置が望ましいのである。

（一九三八年十一月）

東大経済学部の問題　粛学と再建の方針

東大経済学部の問題は決して簡単なものではないであろう。それは今日の日本とその文化の現状を象徴する重要な事件である。ただ若干の教授に対する好悪の感情に駆られて、その本質的な意義を理解することを忘れてはならぬ。

平賀総長の解決の仕方は常識からいえば妥当であり、一般の常識はこれを支持しているようである。しかし常識にはおのずから限界があるのであって、常識のみでは片付けられないところに今日の非常時或いは転換期といわれるものの性格があるのである。

今度の事件の発端は河合教授の問題であった。そしてそれは思想問題であった。この点について平賀総長は、伝えられるところに依ると、河合教授の思想でなくその表現方法が悪いという裁断を下した。これは形式的に見れば巧妙であり、そこに河合教授に対する或る思い遣りを考えることもできるであろう。けれども学者において思想と表現とを区別することができるかどうかが疑問であるのみでなく、その場合果して将来のことが十分に考慮されていたであろうか。河合問題という与えられた問題を処理することに心を奪われて、今日の大学問題をその全面的な広さと深さとにおいて把握するに欠くるところがあったという憾みがなかったであろうか。

例えばもし将来他の教授に同様の思想問題が起った場合、思想の善悪は別にしてその表現方法が適格でないから辞職して貰いたいということであれば、如何なる教授が絶対に安全であろうか。表現方法の可否が問われることになれば、そうでなくても近来研究や意見の発表に対して次第に臆病になっている大学教授は更に一層臆病にならざるを得なくなるのではなかろうか。大学教授が功利的な立場から現実を回避した隘小なアカデミズムに閉じ籠ることの改革されねばならぬのが今の時代である。

東大経済学部に多年派閥の争のあったことは世間周知の事実である。その派閥の清掃が大学の明朗化にとって必要なことは異論のないところであり、この点については誰も平賀総長の粛学方針に賛成することができるであろう。ただその際問題を根柢から考えることが大切である。派閥の存在は東大経済学部にのみ限られていない。派閥は他の処にもあるのであるが、それが特に此処において激化した理由は単にその若干の教授の人柄にのみ依るのではなかろう。人間は社会的に規定されている。我々はその派閥の社会的原因を考えなければならぬ。これに関聯してとりわけ重要なのは学園や学問の政治化の問題である。その派閥が社会的に見て単純なものでないことを考えれば、いわゆる喧嘩両成敗という常識的な考え方は問題の根本的な解決にとって不十分であるといわねばならぬであろう。大学の学問が現実から游離することなく、しかもそれを無用な政治化から防衛するには如何なることが必要であろうか。この問題の解決のうちに粛学と再建の方針が求められねばならぬ。

もしも学園が外部の政治的勢力に対して自主性を保持し得ないならば、東大経済学部の再建も困難に陥らねばならぬであろうし、その問題がいったん解決したにしても動揺はやむことなく、且つ同じ種類の混乱がやがて他にも波及する危険がある。問題は根本において一二の教授の処分にあるのでなく、近年絶えず外部から不安に脅かされている学園に如何にして最後的な安定を与え、教授も学生も落付いて研究に従事することができるように為し得るかということにある。

伝えられるところに依ると、荒木文相の大学改革案に対して学園の自治の立場を最も強硬に主張したという東大において、今度教授会の自治が最初に放棄されたといわれているのは、皮肉である。平賀総長の処断の経緯については審にしないが、仮に経済学部の教授会が自治の能力を喪失しているにしても、何等かの方法によって大学の自治の面目を立てることも可能であったろうに、総長と一二のアドヴァイザーとの専断であるかのようにいわれているのは遺憾である。これが前例となって、昨日は人の身の上の明日は我が身にふりかかる不安を感じている者がないであろうか。

平賀総長による粛学と再建が如何なる結果になるかは、今日の日本の政治的思想的情勢を判断する一つの指標として深い興味がある。そして我々の関心は、これを限りに大学が今後安定するかどうかということである。考えてみれば、大学の再建は容易ならぬ課題である。それを本質的にいって、選挙法の改正とか貴族院の改革とか、今日いわゆる国内改革の問題と同様の困難を有している。大学の問題も国内改革の問題の一環であり、大学の再建にとっての新しい理念は他の国内改革の指導原理を何に求めるかということと決して無関係ではない。新しい理念の上に立つ改革が行われない限り、大学の不安動揺は今後も何等かの形で続くものと見なければならないのではなかろうか。

（一九三九年二月）

初出一覧

Ⅰ　学問論

真理の勇気　『帝国大学新聞』一九二八年一〇月八日
理論の性格　『法政大学新聞』一九二八年一二月一四日
哲学の衰頽と再建の問題　『中央公論』一九三二年九月
ディレッタンティズムに就いて　『読売新聞』一九三二年一二月二七―二九日
　＊原題「現代に於けるディレッタンティズム」　のち改題のうえ『現代随筆全集』第一一巻（金星堂、一九三五年）に収録
大学とアカデミズム　『一橋新聞』一九三七年四月二六日
大学の固定化　『三田新聞』一九三七年九月二五日
大学改革への道　『中央公論』一九三八年九月
理論と国策　『文藝春秋』一九三八年九月
学問論　『中央公論』一九四一年六月
　＊のち『学問と人生』（中央公論社、一九四二年）に収録
学問と人生　『科学ペン』一九四一年八月

Ⅱ　教育論

フレッシュマン　『読売新聞』一九三五年四月一六日夕刊
　＊「一日一題」欄　のち『時代と道徳』（作品社、一九三六年）に収録

学生の風俗　『読売新聞』一九三七年四月二〇日夕刊
＊「一日一題」欄　のち『現代の記録』（作品社、一九三九年）に収録
学生に就いて　『文藝春秋』一九三七年五月
＊原題「学生の知能低下に就いて」　のち改題のうえ三木清編『現代学生論』（矢の倉書店、一九三七年）に収録
現代学生と思想の貧困　『京都帝国大学新聞』一九三七年五月五日
哲学と教育　『夕刊大阪新聞』一九三七年八月一七―一九日
時局と学生　『帝国大学新聞』一九三七年九月二〇日
技術と大学の教育　『蔵前新聞』一九三七年一一月二九日
理想の再生　『読売新聞』一九三八年二月二三日夕刊
＊「一日一題」欄　のち『現代の記録』（前掲）に収録
最近学生の傾向　『帝国大学新聞』一九三八年一〇月三日
革新と教育　『読売新聞』一九三八年一一月一一―一三日夕刊

Ⅲ　制度論

文化危機の産物　『東京朝日新聞』一九三二年八月二二日
試験の明朗化　『読売新聞』一九三六年二月二五日夕刊
＊「一日一題」欄　のち『時代と道徳』（前掲）に収録
試験制度について　『大阪朝日新聞』一九三六年二月二六―二八日
停年制　『読売新聞』一九三六年三月二四日夕刊

＊「一日一題」欄　のち『時代と道徳』（前掲）に収録
東大集中の傾向　『文藝春秋』一九三六年四月
＊「社会時評」該当節のみ
法科万能の弊　『文藝春秋』一九三六年五月
＊「社会時評」該当節のみ
対外文化の国内問題　『読売新聞』一九三七年三月九日夕刊
＊「一日一題」欄　のち『現代の記録』（前掲）に収録
試験と学制改革　『日本評論』一九三七年九月
＊「時局と思想」該当節のみ
時局と大学　『帝国大学新聞』一九三七年一〇月一八日
大学改革の理念　河合栄治郎編『学生と学園』日本評論社、一九三九年六月

補論「大学の没落」について

京大問題の再吟味　『都新聞』一九三三年七月二一―二三日
医博濫造のセオリイ　『読売新聞』一九三四年一月二八日
＊「論壇時評」欄
学位問題　『読売新聞』一九三五年九月一七日夕刊
＊「一日一題」欄　のち『時代と道徳』（前掲）に収録
派閥の醜争　『読売新聞』一九三六年八月二五日夕刊
＊「一日一題」欄　のち『時代と道徳』（前掲）に収録

大学の権威　『文藝春秋』一九三八年一月
大学の問題　『中外商業新報』一九三八年八月一六―一八日
不安な文化　『読売新聞』一九三八年一一月一五日夕刊
　＊「一日一題」欄　のち『現代の記録』（前掲）に収録
東大経済学部の問題　『読売新聞』一九三九年二月九日夕刊

日記と焦り

解説　大澤　聡

1

一九三六年一月二〇日、夜。

三木清は例の左あがりの癖のある、けれど几帳面な文字で日記帳にこう書き入れた。ちなみに、日記帳は前年同様、出版社から贈られたものである。

何となく心さびしい日だ。やはり仕事に打ち込んでゆくほか片付けることのできない寂しさだ。

この日、三木は生田長江の作品を三、四点ほど読む。五日前に『三田新聞』から生田論の執筆依頼があったからだ。原稿用紙五枚、二一日までに書いてくれという。さらにさかのぼること四日前の一月一一日、生田長江が渋谷の自宅で亡くなった。享年五三歳。一四日、本郷の赤門前にある喜福寺で葬儀がとりおこなわれた。依頼はその翌日のこと。だから、論考というよりも追悼文といったほうが正しい。

大正期に活躍したこの思想家のニーチェ紹介に三木もおおいに影響を受けたし、とりわけ文学青年だった中学時代には愛読の対象でさえあった。哲学の道に進んだ遠因の一つはそこにある。その意味では、ついぞ面識をもちえなかったとはいえ、思想上の恩義がないわけじゃない。それは自覚している。だけど、こんな単発の原稿に逐一かかずらっていては、大きな「仕事」に取りくむ時間がいっこうに確保できない。おまけに、年末に罹った風邪がまだ治らない。

懸念の『哲学的人間学』の脱稿予定日はとっくに過ぎていた。それは三木清初の体系的著作『歴史哲学』（一九三二年）で積み残された課題をきっちりクリアするような、おそらく主著となるはずのものだった。「何となく心さびしい日」と書きつける数時間前のこと、三木は同郷人で古くから付き合いのあった坂田徳男に手紙の返信を出す。結びはこうだ。「あれやこれやで人間学もまたまた遅れましたが、今度はぜひ完成するつもりです」。しかし、「完成」のためには集中できる時間が不可欠となる。

じつをいうと、三木は『三田新聞』の依頼をいったん断わっている。が、相手はその場で執拗に食いさがった。最終的に根負けして引き受けたのだった。
二二日。三木は原稿をいっきに書きあげ、それに「生田長江氏」とタイトルを付して編集部の人間に手渡す。数日後すぐに掲載されることになるその追悼文は、「文壇というものに対して寧ろ意識的に反抗的であ」った稀有な書き手として死者を賞揚する内容に仕上がっていた。

文学者の仕事として永続的価値を有するものはそのような文壇的でない人々〔たとえば生田が私淑した鷗外や漱石など〕の仕事に意外に多いのである。これはこの頃の文壇的なあまりに文壇的な文芸家たちにとって、また思想家などにとっても考えてみるべきことであろうと思う。文学者にせよ、思想家にせよ、先ず必要なことは自己に忠実であるということである。（以下、〔 〕内は大澤による補足）

いまの俺は「自己に忠実」だろうか。いや。ずぶずぶと「文壇的」になっていっているんじゃなかろうか。生田長江について書きながら、三木はみずからを問いかえしていたはずだ。

2

一九三六年当時、三木はまちがいなく論壇のスターだった。のみならず、文壇のスターでもあった。

一九三〇年代に入って以降、『中央公論』『改造』をはじめ「綜合雑誌」（当時の表記だ）が空前の活況を呈する。「綜合」的なメディアをハブとして、文壇と論壇の距離が急速に縮まった。統一的なアジェンダが設定され、包括的なアリーナがそこに立ちあがる。書き手のシャッフルが進行した。たとえば、文壇の外部から内部へと侵入した批評家たちは「局外批評家」と呼びならわされ、一九三五年にはその存在の可否が論争をまねきもした。三木清は文芸批評家としての力量も早々に認知され、文壇のメンバーに登録されていた。そのため、三木の挙措はたちまち「文壇的」なアングルに回収されてしまう。次から次へと舞いこむ多種多彩な依頼に器用に応えれば応えるほど、本人の意図するとしないとにかかわらず、メディア空間を華麗に泳ぐキャラと化していく。消費されるのは固有名にほかならない（大澤聡『批評メディア論』参照）。三木の半身はジャーナリズムの論理に吞み込まれつつあった。

キャラと実存のあいだで分裂しそうになりながら、三木は焦る。「永続的価値を有する」作品を残さなければならない。しかし、そのための「仕事」に専念する時間を捻出できない。なんとかしなければ。

くだんの『哲学的人間学』は「岩波全書」の一冊として企画された。一九三三年一二月、岩波書店創業二〇周年記念事業として創刊されたこのシリーズの立案に三木自身もおおきく関与していた。第一巻の西田幾多郎『哲学の根本問題』、第二巻の田辺元『哲学通論』をふくむ初回配本の一八冊が同月中旬にいっせいに発売された数日後、哲学者の山崎謙に宛てた手紙にはこうある。「来年［一九三四年］三月には「哲学的人間学」を出版する予定です。歴史哲学以後の思想を体系的に展開し、多少新しいものを示し得るつもりです」（一二月二一日）。しかし、それから二年が経ってもまだ刊行されないでいる。

手つかずだったわけではない。むしろ、日記や書簡には進捗状況がことあるごとに克明にメモされ、さしあたりそれらを信用して時系列順にたどってみると、書き上げたパートからせっせと入稿してはちょっとずつ校正作業を進めていたことがうかがえる。たとえば、『三田新聞』から依頼があった直前の日記にはこうある（手書きである日記からの引用は旧仮名のママとする）。「第二章を終つて、第三章にかかる」（一月一三日）、「岩波へ行く。人間学の原稿の出来た部分を渡す」（一月一四日）。ペースを摑みはじめた矢先だったのだろう。こまごました目の前の依頼原稿に時間も体力も集中力も奪われてしまう。こうして、「仕事がうまく進まないので焦々する日」（二月一日）が続く。「私に今最も欠けてゐるのは仕事の集中だ」（三月四日）。

ところで、晩年の生田長江は長年にわたって執筆構想をあたためてきた釈迦の伝記に取り組んでいた。第一部「小公子」を『改造』一九三〇年七月号に発表。続く第二部「愛欲篇」が掲載されたのはじつにその四年後のことだ（『改造』一九三四年一一月号）。それと前後して生田は失明してしまう。以降は口述筆記でどうにかこうにか制作を継続。一九三五年一月、第三部を追加した単行本『創作 釈尊』上巻を刊行した。一年後、生田の死去により未完に終わる。三木は追悼原稿のなかで、それが「最も遺憾なことであったであろう」と慮っている。そう書きながら、いまだ完成しない『哲学的人間学』の行方をそこに重ねたはずだ。

生田の死亡記事を新聞で見つけた三木は日記にこう書く。「だんだん人が死んで行く。我々が仕事をせねばならぬ」（一月一二日）。その記述はさらに数日前、元日の日記が結果的に伏線となっている。

今年は私も四十歳になる。／今年こそほんとに生涯の事業の基礎をおくやうな仕事を始めねばならぬ時だ。／先づ単行本だ。長篇論文だ。間に合はせの仕事をできるだけ少くしなければならぬ。／今朝の新聞で寺田寅彦氏が亡くなられたことを知る。健康も大事だ。これまであまり仕事が出来てゐない自分のやうなものにとつては殊にそれが必要だ。これからの半生において大いに取り返さなければならぬ。（「／」は原文の改行箇所）

先達たちが続々と、それも五〇代で、鬼籍に入っていく。三木のくみつくせぬ「寂しさ」の要因の一つはそこにもありそうだ。あの世代の人間のように、高度に思弁的でありながら、社会全域に指針を与え採舵していくタイプの誠実な言論を自分も発信できるだろうか。それも「生涯の事業」として。「間に合はせの仕事」は増える一方だ。三木は焦る。

3

なかば強引に生田論の寄稿を承諾させられてしまった三木は、その夜、猛省する。一月一五日の日記。

自分ながらどうも気が弱いのに呆れる。もっと気を強くしなければいけない。

以後、日記帳には「ことわる」という文字の出現率があがる。けれど、ねばられるとあいかわらず引き受けてしまうのだった。後年、哲学者の坂田徳男は三木清の弟克己との会話のなかで耳にした「兄貴は猪突的なことを書くが、じっさいは気が弱い男」という証言を引きながら、「誰に何をたのまれても面と向ってすげなくは否といえぬ性質《たち》の人」と形容している（「三木君の思い出」）。「来る人も来る人も原稿のことでうんざりする」（一九三六年四月四日）ことを日記にぶちまけながらも、基本的には「永く待たせて気の毒であった［…］あまり待たせないやうにしたいものだ」（四月二〇日）と、依頼側の使い走りにまで気をつかい、毎度のように反省する人間だった。

『三田新聞』から依頼があった一週間ほど前の一月七日。杉並区高円寺……といっても中野駅のほうが距離的にはやや近く、中央線からおよそ一〇〇メートル南に進むと見える三木の自宅を文藝春秋社の大草実が訪ねた。こちらは『文藝春秋』の「社会時評」欄を三ヵ月間担当してほしいという。一回につき原稿用紙三〇枚。ことわる。

だが、同欄にふさわしい書き手はそういないということなのだろう（どこの雑誌も各種時評欄には注力していた時期だ）、一月二四日に再度依頼が来る。やっぱりしかたなく受ける。けっきょく、「うまく書けないで進まず、嫌になる」「こんな仕事にはどうも向かない」（二月一〇日）と七転八倒しながらも、当初の条件に満たない二〇枚で勘弁してもらうなどして三ヵ月をなんとか切り抜けた（続投の依頼もあったが固辞した）――本書収録の「東大集中の傾向」「法科万能の弊」の二本はこのときの「社会時評」の一部抜粋である。

経緯に関しては日記にメモがある。「経済問題もあるので仕方なく引受けることにした」（一月二四日）。気の弱さをごまかしているきらいはあるものの、じっさいのところ「経済問題」はつねに懸案事項なのだった。そこを放置したまま「永続的価値を有する」作品にむかうことはできない。

さかのぼること五年半。中野区宮前に引っ越して数ヵ月が経ったころである。一九三〇年七月、三木は日本共産党への資金提供の嫌疑で起訴され、しばらく豊多摩刑務所に勾留された（この勾留中に長女の洋子が生まれる）。その関係もあって、法政大学の教授職退任を余儀なくされるのだった。こうして、三木はフリーランスの批評家となった。精神的自立と引き換えに日々の「経済問題」が生じる。一九三〇年代にジャーナリズムで八面六臂の活躍を見せるわけだけれど、その背後には生活上の事情がぴたりと貼りついていた。なにも三木にかぎった話ではない。

一九二〇年代後半、マルクス主義が全盛をきわめるなか、各大学でいわゆる左傾分子の追放が大々的に執行された。大森義太郎や石濱知行、佐々弘雄、向坂逸郎ら（一九二八年）、そして山田盛太郎や平野義太郎ら（一九三〇年）が在野に流出したことが象徴的な事例である。彼らはこぞって論壇ジャーナリズムへと浸入する（ちなみに、三木、佐々、向坂、山田、平野の五人は一八九七年の早生まれであり、残りの大森と石濱も前後二年に集中している）。みな、マルクス主義を理論的な備給点としつつ、膨張したジャーナリズムの商業主義的な要求を先取的にくみ取り、たちまち論壇の寵児となった。大正デモクラシー期に、吉野作造たちによって開設されたアカデミズムからジャーナリズムへの通路が、この時期になってようやく前提的な選択肢として浮上する。フリーランスの批評家たちが多方面で活躍を見せた。一回り下の社会評論家の清水幾太郎が「谷川徹三や三木清というような人たちの生活を真似たいという」気持もあってアカデミズムから離脱したことを回想している（「三木清と昭和研究会」）。清水と同年で三木の近傍に位置した船山信一などは、そもそも情勢的に大学を選択できる環境になかった。

一連の動向の後景にはジャーナリズムの版図拡大という条件の整備があった。総合雑誌はどんどん総頁数を増大させ（なんと七〇〇頁を超えることさえあった）、それにともなって高質のコンテンツを確保するために原稿料も競合的に吊りあげていった。「三木清」もこうしたなか目次に定番の固有名として登記されることになる。しかし、くりかえすならば、それは依頼原稿に応え続けることを条件とする。大学の外でも精神的自立が犠牲となるのだった。本当に取り組むべき「仕事」は後回しになる。

一九三五年三月以降、三木は『読売新聞』夕刊の「一日一題」の執筆担当を週一ペースで継続する。曜日ごとの執筆者固定欄だ。各回二枚半から三枚程度。その時どきに社会で発生した雑多なニュースを、三木の場合は哲学的な観点から、コンパクトに論評する——本書にもこの連載から九本収録してある。自身は単行本執筆のほうが自分に向いているとたびたび周囲に漏らしはするものの、この種の時論において三木の批評的な瞬発力はいかんなく発揮されるのだった。近所に住み、交流もあった建築家の生田勉は、三木の「一日一題」は自分のような年少読者の「興味」の的であったとふりかえる（「思い出」）。

三木の寄稿分は毎週火曜日の掲載だ。毎回、前日の夜、もしくは当日の早朝に時間に追い立てられるようにして書く。ときに新聞社の人間を待たせながらの執筆は「時間が迫って好いものが書けなくて遺憾である」ことも多いけれど（一九三六年三月二三日日記）、後世の人間にとっても、その即時性と定期性ゆえに時代のドキュメントとして十分に機能する。順次、単行本化された。『時代と道徳』(一九三六年)、『現代の記録』(一九三九年)がそれだ。後者の「序」にこう書く。

これまで日記というものをあまり書いていない私にとってはこれらの文章が殆ど唯一の生活記録であり、また近年用事以外の手紙を次第に書くことの稀になった私にとってはこれらの文章がおのずから知人に対する書簡の代りともなった。

そんな「生活記録」が、前者の「後記」でいうように「永続的な問題を考え」る作業に直結していた。とはいえ、生田論で言及した「永続的価値を有する」作品はそれとはまた位相がずいぶん異なる。同欄が消滅する一九四〇年九月まで連載は続く。「一ケ月百円」という条件だった(一九三五年三月一五日日記)。この時期、三木は文化学院の哲学の講義を担当したり(ちなみに、三六年度は執筆途中の『哲学的人間学』の内容と連動させた)、日本大学工学部でドイツ語と英語を教えたりもしている。語学授業について「面白くもないが、当分は致し方がないであらう。しかしこれであまり雑誌原稿を書かなくてもすむだらう」(一九三六年四月一五日)と日記に書くわけだけど、現にこれらの定期収入は「生活」の基盤となっていた。

4

大学から批判的知性が陸続と流出する。一連の現象はいわゆる「大学の没落」問題を隣においてみると見取図が組み立てやすくなる——本書には関連する三木の時評的テキストを「補論」として収録してある。一九二〇年代後半から三〇年代中盤にかけて、「大学」は論壇の主要トピックの一つとしてカウントされていた。もちろん、それは戦時体制下において大学改革の試案を次々とくりだす文部省の逐一の動向に批判的に即応した結果だった。が、それだけではない。前述のとおり、論壇ジャーナリズムの急成長と大学アカデミズムの衰退は表裏の関係にある。そんななか、論壇はみずからの供給源である大学とそれをとりまく環境の再点検を進めていた。

たとえば、一九三三年と三四年には、京大瀧川事件、法政大学騒動、長崎医大問題など大学をめぐる事件が続発、そのつど個別の解説論考や学問をめぐるマクロな状況分析が総合雑誌をにぎわせた。「大学の没落」や「大学転落」に焦点をあてた大学論がブームの様相を呈する。それと並行して、虚実混濁したゴシップのかたちで大学というブラックボックスが一般に開示される。蚊帳の外にいる一般読者の関心は必然的に渦中の人物そのものや人間関係へと殺到する。かつて大学は在野の威信獲得に利用されていた。しかし、ここにきて、ゴシップネタの流出源としても再発見されたのである。雑誌や新聞のジャーナリズムが大学を多面的にショーアップする。

この政府や論壇の動向をうけつつ、一九三〇年代中盤には大学改造論が急増した。種々の立場から大学の「改造」がうたわれる（帝国議会の一議員から、官立大学の人文科学系学部をすべて私立大学へ移行せよといった「文科大学廃止論」も提議され物議をかもした）。

河合栄治郎は『経済往来』一九三四年二月号にまさに「大学改造論」という表題の論説を発表している（ブームだったこともあって同題の論文は河合以外にも複数確認できる）。河合は東京帝国大学経済学部教授で社会思想家だ。二八頁にもおよぶそれは、しかし、河合の論文にありがちなのだけれど、ほとんど一つのことしかいっていない。現在の大学教授が一身に担っている「研究者」と「教育者」という二つの職能を分離せよというものだ。教育者としては「講義をするに際しての語ることの巧さ、学生をより高い研究へと向わしめる興味を誘発すること［…］学生の人間としての成長に関心と深切《ママ》とを抱くこと」に関するスキルが不可欠である。にもかかわらず、教授は研究者としての審査基準のもと採用されている。そこでは教育能力は一切加味されない。このため、現制度は教育面にも研究面にも悪影響をおよぼしている。そこで、学生をかかえる大学機関は教育に専念し、研究は専門の研究所――人文系学問であれば「社会科学研究所」や「思想研究所」――を設置し、そこでがりがり進めればよいという。

このとき三木は『読売新聞』の「論壇時評」を担当していた。そのなかで河合論文を取りあげて全面的に批判している（本書に収録した「医博濫造のセオリイ」の次回分にあたる）。「学問の自由を研究所にのみ押し込めてしまおうという意見」は「国家による学生の思想統制」を完遂させるための「ファッシズム」的な方便にしか聞こえない。なにより、そうした論理的な必然性を云々するまでもなく、研究と教育の分離は経験的にもナンセンスだと三木は強調する。

学生から尊敬を受け学生に影響を与え、かくて真に教育の成績を挙げている教授は、学問を愛し研究心に富み、研究家としても立派な業績を挙げ得る学者であるのが常態である。大学生に対しては研究的態度を抜きにしては教育の効果も収め難い。

三木の教育論のベースはここに尽きている。本書第Ⅱ部に収録したテキスト群はこの一点において一貫している。そして、その認識が三木自身の学生時代の体験につよく支えられていたことはまちがいない。西田幾多郎との関係である。

5

一九三六年一月二五日。都内はめずらしく大雪となった。『文藝春秋』「社会時評」の依頼を三木が引き受けてしまった翌日のことである。書斎で仕事をしていると、西田幾多郎よりと連絡が入る。三月末まで鎌倉に滞在する予定とのこと。近く話しに来るようにおおせつかる。三日前、西田は特急列車「燕」で京都からやって来ていた（西田幾多郎日記）。一九二八年に京都帝国大学を定年で退官した西田は、京都と鎌倉を年に数回往復する生活を送っていた。鬱々としていた三木が「気分が何となく爽快である」と日記に書きつけたのは、寒さで澄みきった空気のせいばかりではなかったのかもしれない。翌朝、窓をあけると雪が積もっていた。やっぱり「気分爽快だ」。はしゃぐ娘の洋子を連れて散歩に出かける。

一月三一日、三木はさっそく電車で鎌倉へとむかった。車中、『アンドレ・ジイド日記抄』を読む。訳者の淀野隆三から献本されたものだ。数時間すれば、稲村ヶ崎の姥ヶ谷にある西田邸に着く。前年一〇月四日、『読売新聞』の対談収録のために訪れて以来およそ四ヶ月ぶりの訪問になる（「西田幾多郎博士との一問一答」一九三五年一〇月一〇日〜一六日）。ちなみに、縁側に腰を下ろし睦まじく並んだ和服の西田とスーツの三木の師弟写真はその紙面用に撮影されたもの――二人が一九四五年に師弟順に続けて没したのち頻繁に使われることになる一枚だ。あのときと同じように、今回の私的な対談も哲学や時局など多岐にわたった。とくに生命と環境をめぐって議論は白熱する。三木は二年後、「西田幾多郎先生のこと」（一九三七年）のなかにこう書いた。「先生の広さはお目にかかって色々話してみれば分る。その関心もその教養も極めて多面的である」。

数週間前に出た『思想』一月号が特集「西田哲学」を組んだ。三木は論考「西田哲学の性格について」を寄稿。高橋里美「西田哲学について」がふたたび西田哲学批判を展開していたものだから、それに対する西田の反駁を拝聴する。ばつぐんにおもしろい。知的な触発を受ける幸福な時間だった。帰りもまたジッドの日記を読む。「感激した」。「共産主義と個人主義の問題」に考えをめぐらせる。西田幾多郎は『アンドレ　ジイド全集』の内容見本（一九三四年）に寄せた推薦文に「その日記には動かされるものがある」と書いていた。

一ヵ月後の二月二二日、再訪。この夜に書いた日記がすごい。

午後鎌倉に西田先生を訪ねる。今日は身体の問題についてなかなか面白い話があつた。先生と話してゐると勉強がしたくなる。自分も哲学者として大きな仕事をしなければならぬ。自分の使命と力とを決して軽くみてはならない。私には出来るのだ。他を羨むことも恐れることもない。私の現在の境遇が何だ！　仕事だ！　仕事だ！　さう考へると私は幸福になる。私には力がある。

このテンションのあがりようは異様だ。その原因となった西田のほうはといえば、小型の博文館日記に「午後三木来」とだけ記すのだった。当該日の記述はこの五文字がすべてである。極度に事務的なシンプルさは西田の日記の通例であって（例外はない）、ここから心情を掬いとることはおよそ不可能なのだけれど、西田にとってもきっと愉快な時間だったんじゃないだろうか。あるとき三木のいつもの放言に「きき惚れて」いた西田の温容を哲学者の相原信作が回想している（「師弟」）。西田と三木の対談記事には、前出の「一問一答」のほか、「ヒューマニズムの現代的意義」（『読売新聞』一九三六年九月六日〜一一日）と「人生及び人生哲学」（『日本評論』同年一〇月号）がある――九月三日に鎌倉で二本連続収録された。西田哲学の最良の理解者といっていい三木が聴き手であるだけに、打てば響くようで、西田の発言は例外的なまでにいきいきと展開していく。ジャーナリズム嫌いの西田が三木を指名したのかもしれない。

三木も西田との対面によっていきいきとする。学生時代の感覚にいっきに引き戻されていた。「勉強がしたくなる」ような自己啓発的な効力はその帰結にほかならない。三木は学生時代の自分の「勉強」を次のようにふりかえっている。「読書遍歴」（一九四一年）の一節だ。

私は［西田］先生の書かれたものを読むと共に、その中に引用されている本をできるだけ自分で読んでみるという勉強の仕方をとった。あの時分の先生の論文の中には実にいろいろの書物が出てくるのであるが、私の哲学勉強もおのずから多方面に互った。［…］ただ西田先生の後を追うていろいろの本を読んだというのが、大学時代三年間における私のおもな勉強であった。

かつて第一高等学校の三年時に『善の研究』を読んで「全人格的な満足」をおぼえた三木は、哲学専攻への、しかも西田のいる京都帝国大学への進学を決意したのだった（「語られざる哲学」一九一九年）。本人と接することで、その「全人格的な」傾倒にさらに拍車がかかる。大学入学以来、三木はたびたび洛北田中村の西田邸を訪れている。日記を続けられない三木とちがって、西田はこの調子で淡々と日記をつけ続けたわけだけれど、それを通覧すると、生涯にわたって「三木来る」「三木来訪」「三木へ手紙」の文字が頻出していることがわかる（全集の巻末索引では、他の固有名とくらべて言及回数が突出している）。

「読書遍歴」と同じ年に発表した「西田先生のことども」（一九四一年）には、西田幾多郎の講義風景も描写されている。西田の講義中のたたずまいはよほどインパクトがつよかったようで、数多くの関係者が証言を残してきた（下村寅太郎や高坂正顕など）。それらも適宜縫合しつつ再現すればたとえばこんなぐあい――。

土曜日の午後に開講される「特殊講義」はいわば名物講義になっていた。卒業生や他科の学生も聴講にやってくるものだから、教室はいつも満杯だ。和服姿の西田が現われるや教室に緊張が走る。両手を後ろに組んで、教壇を左端から右端へ、右端から左端へとひたすら往復しつつ、ぽつりぽつりと言葉をおいていく。短めにつけた袴からは深ゴム靴がのぞいている。ときおり強度の近眼鏡の奥深く鋭い眼光を学生たちに投げかけるも、基本的にはずっとうつむきかげんの姿勢。学生たちのことは視界にないようなのだ。それは講義というよりは独白と形容するにふさわしく、自身の思考を整序するためだけに言葉を搾り出しているという様子だった。三木はそこに「思索する人」を見る。結果的にそのスタイルは「ひとを一緒に哲学的探求に連れてゆく」。

話が中断するのはしょっちゅうで、壇上、じっと思索に耽っている。ぴったりくる言葉が浮かばないいらだちからか、後ろに組んだ指先がこまかく震えている……かと思えば、咳こみながら猛烈な勢いで話しはじめる。そんなときはきまって左手を後ろにしたまま、右手だけをしきりに振り理路を展開するのだった。そうやって「啓示のように閃いて出てくる言葉」が西田の著作を再編成し、読者である三木たちの理解を助けた。体系的な哲学の生成現場に立ち会っているのだという実感を三木はもっていた。「今日は疲れているからこれでよす」といって二時間の講義を一時間で切りあげてしまうことさえあったが、それを三木はこう形容している。「その言葉にはまたそれで私たちの心を打つものがあった」。三木は留学するまでの五年間、休まずに出席したという。

教育と研究を分離せよという河合栄治郎の提案に猛烈に反発したのはこうした経験があったからだろう。その「論壇時評」はこう続く。大学教育の主眼は特定の学説を叩き込むことにあるのではない。学生が卒業後も自身で「独立に研究し判断し得る能力を養成すること」にこそある。そしてその目的は、「教授が勝れた研究家である場合によく達成される」。そう書くとき、三木の脳裡にはあの時代の西田幾多郎の姿がくっきりと浮かんでいた。

時局の論理によっておおきく再編されようとしている大学の危機を前に、三木はこうやって大学の内部ではなく外部、つまり自身の位置するジャーナリズムの側から大学論を展開するのだった。その先、議論は民間アカデミズムの構想へと行きつく。

＊＊＊

さて、最後に本書の構成を記しておこう。

本書は哲学者で批評家の三木清が膨大に書き残した業績群のなかから、「大学」に関連するものを三八本ピックアップしたものである。便宜的に、Ⅰ「学問論」、Ⅱ「教育論」、Ⅲ「制度論」の三部構成とし、各部一〇本ずつ発表順にテキストが配列されている（発表年月は逐一の文末および「初出一覧」に記した）。また、補論「「大学の没落」について」として、一九三〇年代に頻発した大学事件をめぐる三木の文章を八本収録した。先行して講談社文芸文庫に収録された『三木清教養論集』と同様、論文とエッセイ、あるいはその中間的な文章を意図的に混在させてある。長短硬軟を問わずテキスト同士のいたる局面で相互の連絡線が走っている様子を見出せるはずだ。そのとき、本書は単なるアンソロジーではない別の姿を読者の前にあらわすだろう。かつての〝危機の時代〟に思考を突きつめた三木清の言葉を何度でも蘇生させ、課題解決のヒントにしてもらうことを願うばかりである。

なお、この解説における引用箇所（ただし日記を除く）もふくめ、本書では旧字体を新字体に、歴史的仮名遣いを現代仮名遣いにそれぞれ改めた。来たるべき読者の便宜をはかるための処置である。ご理解をたまわりたい。

年譜

三木清

一八九七年（明治三〇年）
一月五日、兵庫県揖保郡（現・たつの市）平井村に、父・栄吉、母・しんの長男として生まれる。弟四人、妹三人。生家は農家で、かつて米穀を商い、比較的裕福な方であった。

一九〇三年（明治三六年）　六歳
三月、揖保郡平井尋常小学校に入学。

一九〇七年（明治四〇年）　一〇歳
高等小学校に進学。

一九〇九年（明治四二年）　一二歳
四月、兵庫県立龍野中学校に入学。

一九一〇年（明治四三年）　一三歳
この頃、ツルゲーネフの翻訳などもしていた国語教諭・寺田喜治郎の影響で、読書と文学に目覚め、副読本だったことがきっかけとなり、徳冨蘆花を耽読し始める。

一九一一年（明治四四年）　一四歳
漢詩を習う。

一九一二年（明治四五年・大正元年）　一五歳
この頃、友人と共に文芸の回覧雑誌を作成。各種文芸雑誌のほか、山路愛山の史伝類も愛読した。

一九一三年（大正二年）　一六歳
友人の影響で永井潜『生命論』や丘浅次郎『進化論講話』などを読み、生命について関心を抱き、後年の哲学研究を志す下地となった。文芸部委員となり、学生歌を作詞する。一時期、校歌にもなった。この頃から、文学から哲学への関心を強くし始める。
一九一四年（大正三年）一七歳
九月、上京して、第一高等学校に入学。宗教に惹かれ、聖書や親鸞『歎異鈔』などに親しむ。
一九一六年（大正五年）一九歳
哲学講読会を始める。西田幾多郎『善の研究』に強い感銘を受け、西田が在任する京大へ進学し、哲学の道を志すことを決める。
一九一七年（大正六年）二〇歳
第一高等学校を卒業。七月、西田幾多郎を訪問、終生の師弟関係が始まる。九月、京都帝国大学文学部哲学科に入学。京都に下宿する。哲学講座担当教授だった西田幾多郎に師事する。その他、在学中は波多野精一（宗教学）、深田康算（美学美術史学）らの授業・指導に強い感化を受ける。特に、西田の新しい論文はすぐに読み、そこに引用された文献にも目を通し、研鑽を積んでいった。同時期の西田幾多郎門下には、務台理作、三宅剛一、やや遅れて木村素衛、高坂正顕などがいた。
一九一八年（大正七年）二一歳
この頃、左右田喜一郎『経済哲学の諸問題』を熟読。その後は経済関係の著作にも多く触れた。
一九一九年（大正八年）二二歳
八月より東北帝国大学から助教授として転任してきた田辺元にも学ぶ。谷川徹三、林達夫らとも親交する。
一九二〇年（大正九年）二三歳
四月、徴兵検査を受ける（第二乙種）。五月、公的に発表する初の論考となる「個性について」を「哲学研究」に。カントを論じた卒業論文「批判哲学と歴史哲学」を提出（九月、「哲学研究」に掲載）。七月、優秀な成績で、京都帝国大学を卒業。九月、同大学大学院に進学。研究テーマは歴史哲学。大谷大学、龍谷大学で講師をつとめる。

一九二一年（大正一〇年）二四歳

教育召集を受ける。三ヵ月間、姫路の歩兵第十連隊にて軍隊生活を送る。

一九二二年（大正一一年）二五歳

五月、波多野精一の推薦と、岩波茂雄の支援を受けてドイツに留学する。ハイデルベルク大学でハインリヒ・リッケルトに師事し、歴史哲学を学ぶ。同じく留学中だった歴史家・羽仁五郎と親しくなる。その他、天野貞祐、九鬼周造らの知遇も得る。

一九二三年（大正一二年）二六歳

五月、リッケルトの紹介で「日本の哲学に対するリッケルトの意義」を現地の「フランクフルト新聞」に。秋、マールブルク大学に移る。ハイデガーに師事。またこの頃、ハイデガーの助手をしていたカール・レーヴィットとも知り合う。

一九二四年（大正一三年）二七歳

三月、編集者に宛てた通信が「消息一通」として「思想」に。八月、パリに移住。芹沢光治良と交流。パスカル研究に目覚める。この年を中心に、集中して、五本のエルンスト・ホフマンのギリシア哲学に関する論考を「思想」に翻訳する。

一九二五年（大正一四年）二八歳

五月、パスカル研究の第一論考となる「パスカルと生の存在論的解釈」を「思想」に（単行本時に「人間の分析」に改題）。続けて、三本のパスカル論を同誌に発表していく。一〇月、留学から帰国。

一九二六年（大正一五年・昭和元年）二九歳

京都に下宿し、戸坂潤ら後輩と講読会を通じ交流する。四月、第三高等学校講師に就任。京都大学、龍谷大学でも教鞭をとる。六月、パスカル論をまとめた処女作『パスカルに於ける人間の研究』（岩波書店）刊。母・しん死去。西田幾多郎の推薦で河上肇のためにヘーゲル研究を手伝う。この頃、岩波書店に勤める岩波茂雄の女婿・小林勇と知りあう。

一九二七年（昭和二年）　三〇歳

四月、法政大学文学部哲学科主任教授に就任。京大文学部哲学科の助教授の職につくことが叶わずの東京移住だった。日本大学、大正大学でも教鞭をとる。六月、唯物史観に関する第一論考となる「人間学のマルクス的形態」を「思想」に。七月、岩波書店の各種編集協力を始める。岩波茂雄のもと、小林勇、長田幹雄らと「岩波文庫」の出版企画に尽力し、小文「読書子に寄す――岩波文庫発刊に際して」の草案を作る。発案に関わった「岩波文庫」が創刊される。翻訳「純粋認識の論理学」（コーヘン）を「学苑」に連載（翌年六月まで）。一二月、翌年一月半ばまで岩波茂雄と共に朝鮮半島、中国北部を訪れる。

一九二八年（昭和三年）　三一歳

二月、林達夫、羽仁五郎と共同編集した岩波講座『世界思潮』刊。五月、『唯物史観と現代の意識』（岩波書店）刊。七月、南満州鉄道の招きで訪満、各地で講演を行う。一〇月、小林勇が独立して起こす新興科学社（翌年四月に鉄塔書院を創立）を支援する。同社から、羽仁五郎との共同編集による月刊雑誌「新興科学の旗のもとに」（第一三号まで）を発刊。「科学批判の課題」を創刊号に。以後、毎号のように同誌に論考を発表していく。

一九二九年（昭和四年）　三二歳

二月、前年一二月に発表された批判（「唯物弁証法と唯物史観」）を発端とする服部之総との論争へつながる「唯物論とその現実形態」を「新興科学の旗のもとに」に。四月、東畑喜美子と結婚。『社会科学の予備概念』（鉄塔書院）刊。六月、『史的観念論の諸問題』（岩波書店）刊。八月、清沢冽の呼びかけで始まった勉強会「二七会」に参加。メンバーは「中央公論」の常連執筆者で、徳田秋声、長谷川如是閑、石橋湛山、谷川徹三、正宗白鳥などがいた。一〇月、「啓蒙文学論」を「改造」に。秋田雨雀らのプロレタリア科学研究所の創設に参加する。一一月、同研究所の機関誌「プロレタリア科学」の編集長となる。

一九三〇年（昭和五年）　三三歳
三月、「文芸時評」を「読売新聞」に（二五日から二八日、三〇日）。五月、日本共産党への資金提供をめぐり、治安維持法で検挙されるも一旦釈放。この事件のため、法政大学教授の退任を余儀なくされる。六月、山崎謙、秋沢修二との鼎談「唯物論は如何にして観念化されたか」を「思想」に。七月、起訴を受けて豊多摩刑務所に勾留される。翻訳を手がけた岩波文庫『ドイッチェ・イデオロギー』（マルクス、エンゲルス）刊。八月、プロレタリア科学研究所が三木を批判する編集部巻頭論文「哲学に対するわれわれの態度―三木哲学に関するテーゼ」を発表。勾留中に「非マルクス主義者」であるとし除名処分を受ける。一〇月、長女・洋子が生まれる。一一月、執行猶予付の判決を受けて釈放される。

一九三一年（昭和六年）　三四歳
二月、没後百年を記念し設立された国際ヘーゲル連盟の日本支部代表に就任。五月、同連盟の依頼を受けて編集した『ヘーゲルとヘーゲル主義』（岩波書店）刊。六月、『観念形態論』（鉄塔書院）刊。一一月、企画した岩波講座『哲学』（全一八巻）刊。

一九三二年（昭和七年）　三五歳
四月、『歴史哲学』（岩波書店）刊。六月、座談会「西田博士に聴く」を「読売新聞」に（二一日から二五日）。七月、「文学の真について」を「改造」に。

一九三三年（昭和八年）　三六歳

一月、「現代階級闘争の文学」（岩波講座『日本文学』）が発禁処分を受ける。五月、長谷川如是閑らとナチスの焚書への抗議声明を発表。六月、『危機に於ける人間の立場』（鉄塔書院）刊。七月、京大滝川事件も背景に、徳田秋声（会長）、豊島與志雄、広津和郎、秋田雨雀らと共に知識人による反ファシズムの組織「学芸自由連盟」を結成。ここで中島健蔵と出会う。九月、「美術時評」を「都新聞」に（全五回）。

一九三四年（昭和九年）　三七歳

一月、「論壇時評」を「読売新聞」に（二六日から二八日、三〇日）。七月、『人間学的文学論』（改造社）刊。九月、文壇的にも注目された「シェストフ的不安について」を「改造」に。一二月、編集をつとめた『シェストフ選集』（改造社）刊行開始。

一九三五年（昭和一〇年）　三八歳

一月、文化学院講師を担当し始める。三月、「読売新聞」夕刊にてコラム「一日一題」欄の執筆担当を始める（週一回）、第一回は「政治の過剰」。翻訳「時代の子とまま子ースピノザの歴史的運命」を『シェストフ選集2』（改造社）に。六月、小林勇と企画協力した『大思想文庫』（岩波書店、全二六巻）刊行開始。同文庫第一弾として『アリストテレス形而上学』刊。豊島與志雄、横光利一、川端康成、河上徹太郎らとの座談会「『純粋小説』を語る」を「作品」に。一〇月、西田幾多郎との対談「日本文化の特質」を「読売新聞」に（一三日、一五日から一六日）。

一九三六年（昭和一一年）　三九歳

一月、日本ペン倶楽部出版企画委員に就任。二月、二・二六事件に際し、身の危険を避けて三重に一時避難。四月、国際著作権協議会幹事に就任。八月、妻・喜美子死去。九月、西田幾多郎との対談「ヒューマニズムの現代的意義」を「読売新聞」に（六日、八日から一一日まで）。編者をつとめた『現代哲学辞典』（日本評論社）刊。一一月、青野季吉、戸坂潤、小林秀雄、林房雄らとの座談会「現代青年論」を「文學界」に。一二月、「読売新聞」に連載したコラム「一日一題」をまとめた『時代と道徳』（作品社）刊。

一九三七年（昭和一二年）　四〇歳

二月、谷川徹三、戸坂潤、小林秀雄らとの座談会「現代文学の日本的動向」を「文學界」に。三月、小林秀雄の奨めで「文學界」同人となる。五月、「構想力の論理」初回となる「神話（上）――構想力の論理に就いて」を「思想」に連載開始（「神話」は七月まで、「制度」は一〇月まで、「技術」は翌年二月から五月）。六月、萩原朔太郎、阿部知二らとの座談会「読書と教養のために」を「文藝」に。幸田露伴の文化勲章受章祝賀会に出席し、スピーチを行う。七月、妻の一周忌を記念し追悼文集『影なき影』（私家版）を編集し、「幼き者のために」「後記」を執筆。九月、河上徹太郎、阿部知二、青野季吉らとの座談会「現代人の建設」を「文學界」に。この年から、近衛文麿のブレーンとしての政策集団「昭和研究会」に参加。同研究会が行う「七日会」なる会合に招かれ、「支那事変の世界史的意義」を講じたのがきっかけだった。後に、文化部門の責任者として指導的な役割を果し、「東亜協同体」論を展開していく。また研究会内組織の文化委員長もつとめた。委員メンバーには、加田哲二、清水幾太郎、中島健蔵などがいた。

一九三八年（昭和一三年）　四一歳

二月、豊島與志雄の奨めで河出書房の顧問となる。翌月にかけて、岩波書店で社員向けに哲学入門の講義を一三回行う。三年後に刊行される『哲学ノート』はこの速記録にもとづく。四月、多摩帝国美術学校講師となる。五月、豊島與志雄、中島健蔵と共に雑誌「知性」を発刊、「新時代の知性」を創刊号に。講座『廿世紀思想』（河出書房）の編者をつとめる。六月、「人生論ノート」を「文學界」に連載開始（一六年九月まで、全二一回）。八月、阿部知二、島木健作との鼎談「文化と自然」を「文學界」に。一〇月、『アリストテレス』（岩波書店）刊。一一月、編集・企画に協力した岩波新書が創刊される。この年、改造社の顧問をつとめた原勝が会長となり創設された日本青年外交協会の顧問となる。

一九三九年（昭和一四年）四二歳

一月、「哲学ノート」を「知性」に連載開始（九月まで）。河上徹太郎、今日出海との鼎談「廿世紀とは如何なる時代か」を「文學界」に。二月、「読売新聞」に連載したコラム「一日一題」をまとめた『現代の記録』（作品社）刊。五月、司会をつとめた、辰野隆らとの座談会「読書界の傾向を語る」を「日本評論」に。六月、『ソクラテス』（岩波書店）刊。七月、長与善郎、阿部知二らとの座談会「宗教と現代」を「文學界」に。「思想」に連載した三章分をまとめた『構想力の論理 第一』（岩波書店）刊。一一月、小林いと子と再婚。この年から、「中央公論」の無署名の巻頭言執筆者の一人となる。

一九四〇年（昭和一五年）四三歳

三月、岩波新書『哲学入門』刊。すぐに一〇万部を超えるベストセラーとなる。中央公論社の依頼で訪中。四月、末弟・建が中国で戦死。八月、満州政府の招きで二ヵ月間、満州に滞在。視察や講演を行う。中学時代の恩師で満州政府にて教科書編纂の主任をしていた寺田喜治郎の斡旋によるものだった。約一年の中断を経て、「構想力の論理」続編にあたる「経験（二）―構想力の論理に就いて」を

「思想」に連載再開。一一月、岸田国士、谷川徹三、豊島與志雄との座談会「新文化の発足」を「都新聞」に（二日から一二日まで）。一二月、岸田国士らとの座談会「文化問題を語る」を「日本評論」に。この頃、昭和研究会が組織した「昭和塾」のトップとして尾崎秀実らと活動を共にする。

一九四一年（昭和一六年）　四四歳

一月、座談会「新体制運動と国語の統一」を「読売新聞」に（一四日から翌月一日まで）。三月、「哲学はどう学んでゆくか」を「図書」に連載（五月まで）。編者をつとめた『新版現代哲学辞典』（日本評論社）刊。四月、司会をつとめた、読者参加の座談会「政治と生活」を「改造」時局版に。中山伊知郎、永田清との共編『社会科学新辞典』（河出書房）刊。六月、「読書遍歴」を「文藝」に連載（四二年一月まで）。八月、小林秀雄との対談「実験的精神」を「文藝」に。「文學界」に連載した人生論のエッセイを整理した随筆集『人生論ノート』（創元社）刊。一一月、『哲学ノート』（河出書房）刊。一二月、高坂正顕との対談「民族の哲学」を「文藝」に。

一九四二年（昭和一七年）　四五歳

一月、「戦時認識の基調」を「中央公論」に。これが軍部の目にとまり、以後、主要な綜合雑誌に評論が掲載されなくなる。三月、陸軍宣伝班員として約一〇ヵ月間、マニラに赴任（徴用時の様子に材をとった小説に今日出海「三木清に於ける人間の研究」がある）。徴用メンバーには尾崎士郎、火野葦平、上田広などがいた。三月、『知識哲学』（小山書店）刊、『学問と人生』（中央公論社）刊。四月、論文集『続哲学ノート』（河出書房）刊。六月、随筆集『読書と人生』（小山書店）刊。九月、『技術哲学』（岩波書店）刊。一二月、マニラから帰国。

一九四三年（昭和一八年）四六歳
二月、マニラ徴用中に現地雑誌「南十字星」に連載した「比島人の東洋的性格」が「改造」に転載される。三月、「フィリッピン」を「中央公論」に。中島健蔵との対談「大東亜文化」を「文藝」に。徴用により中断していた「経験―構想力の論理に就いて」を「思想」に連載再開。四月、妹・はるみ死去。一二月、編纂代表をつとめた『比島風土記』（小山書店）刊。

一九四四年（昭和一九年）四七歳
三月、妻・いと子死去。娘・洋子と共に埼玉県へ疎開する。一一月、「現代民族論の課題」を『民族科学大系1』（育英出版）に。

一九四五年（昭和二〇年）四八歳
三月、警視庁に検挙される。六月、治安維持法違反容疑の共産党員・高倉輝をかくまい逃亡させた容疑で、拘留処分により巣鴨の東京拘置所に送られる。その後、豊多摩刑務所に移送される。九月二六日、拘置所内で獄死。

一九四六年（昭和二一年）没後一年
一月、遺稿「親鸞」の一部が「展望」に。四月、『文学史方法論』（岩波書店）刊。六月、『構想力の論理　第二』（岩波書店）刊。九月、『三木清著作集』（岩波書店、全一六巻）刊行開始。この年、警視庁に押収されていた「親鸞」のさらなる一部と、デカルト『省察』の訳稿が遺族に返却される。

本年譜は、略年譜として新たに作成した。『三木清全集20』（岩波書店、一九八六）所収の「年譜」のほか、『三木清エッセンス』（こぶし書房、二〇〇〇）、宮川透『三木清』（東京大学出版会、二〇〇七）、永野基綱『三木清』（清水書院、二〇〇九）などに収載されたものも参照させて頂いた。

（柿谷浩一・編）

本書は『三木清全集』10、12～16、18～20（一九六七年七・九・一〇・一一・一二月、一九六八年一・三・五月、一九八六年三月、岩波書店刊）を底本として使用し、新漢字新かなづかいに改めました。「文化危機の産物」は全集未収録のため、「東京朝日新聞」一九三二年八月二二日付を底本としました。また、底本中明らかな誤りは正しました。

三木清《みききよし》大学論集《だいがくろんしゅう》　大澤聡《おおさわさとし》編《へん》

三木《みき》清《きよし》

二〇一七年四月一〇日第一刷発行
二〇一七年四月一四日第二刷発行

発行者——鈴木　哲
発行所——株式会社　講談社
東京都文京区音羽2・12・21　〒112-8001
電話　編集（03）5395・3513
　　　販売（03）5395・5817
　　　業務（03）5395・3615

デザイン——菊地信義
印刷——豊国印刷株式会社
製本——株式会社国宝社
本文データ制作——講談社デジタル製作

講談社
文芸文庫

ISBN978-4-06-290345-5

坂口安吾 ―教祖の文学|不良少年とキリスト 坂口安吾エッセイ選　川村 湊―解／若月忠信―年
阪田寛夫 ―うるわしきあさも 阪田寛夫短篇集　高橋英夫―解／伊藤英治―年
佐々木邦 ―凡人伝　岡崎武志―解
佐々木邦 ―苦心の学友 少年倶楽部名作選　松井和男―解
佐多稲子 ―樹影　小田切秀雄―解／林 淑 美―案
佐多稲子 ―月の宴　佐々木基一―人／佐多稲子研究会―年
佐多稲子 ―夏の栞 ―中野重治をおくる―　山城むつみ―解／佐多稲子研究会―年
佐多稲子 ―私の東京地図　川本三郎―解／佐多稲子研究会―年
佐多稲子 ―私の長崎地図　長谷川 啓―解／佐多稲子研究会―年
佐藤紅緑 ―ああ玉杯に花うけて 少年倶楽部名作選　紀田順一郎―解
佐藤春夫 ―わんぱく時代　佐藤洋二郎―解／牛山百合子―年
里見弴 ―恋ごころ 里見弴短篇集　丸谷才一―解／武藤康史―年
里見弴 ―朝夕 感想・随筆集　伊藤玄二郎―解／武藤康史―年
里見弴 ―荊棘の冠　伊藤玄二郎―解／武藤康史―年
澤田 謙 ―プリューターク英雄伝　中村伸二―年
椎名麟三 ―自由の彼方で　宮内 豊―解／斎藤末弘―案
椎名麟三 ―神の道化師|媒妁人 椎名麟三短篇集　井口時男―解／斎藤末弘―年
椎名麟三 ―深夜の酒宴|美しい女　井口時男―解／斎藤末弘―年
島尾敏雄 ―その夏の今は|夢の中での日常　吉本隆明―解／紅野敏郎―案
島尾敏雄 ―はまべのうた|ロング・ロング・アゴウ　川村 湊―解／柘植光彦―案
島尾敏雄 ―夢屑　富岡幸一郎―解／柿谷浩一―年
島田雅彦 ―ミイラになるまで 島田雅彦初期短篇集　青山七恵―解／佐藤康智―年
志村ふくみ ―一色一生　高橋 巖―人／著者―年
庄野英二 ―ロッテルダムの灯　著者―年
庄野潤三 ―夕べの雲　阪田寛夫―解／助川徳是―案
庄野潤三 ―絵合せ　饗庭孝男―解／鷺 只雄―案
庄野潤三 ―インド綿の服　齋藤礎英―解／助川徳是―年
庄野潤三 ―ピアノの音　齋藤礎英―解／助川徳是―年
庄野潤三 ―野菜讃歌　佐伯一麦―解／助川徳是―年
庄野潤三 ―野鴨　小池昌代―解／助川徳是―年
庄野潤三 ―陽気なクラウン・オフィス・ロウ　井内雄四郎―解／助川徳是―年
庄野潤三 ―ザボンの花　富岡幸一郎―解／助川徳是―年
庄野潤三 ―鳥の水浴び　田村 文―解／助川徳是―年
庄野潤三 ―星に願いを　富岡幸一郎―解／助川徳是―年

笙野頼子—幽界森娘異聞	金井美恵子—解／山﨑眞紀子—年
笙野頼子—猫道 単身転々小説集	平田俊子—解／山﨑眞紀子—年
白洲正子—かくれ里	青柳恵介—人／森 孝—年
白洲正子—明恵上人	河合隼雄—人／森 孝—年
白洲正子—十一面観音巡礼	小川光三—人／森 孝—年
白洲正子—お能|老木の花	渡辺 保—人／森 孝—年
白洲正子—近江山河抄	前 登志夫—人／森 孝—年
白洲正子—古典の細道	勝又 浩—人／森 孝—年
白洲正子—能の物語	松本 徹—人／森 孝—年
白洲正子—心に残る人々	中沢けい—人／森 孝—年
白洲正子—世阿弥—花と幽玄の世界	水原紫苑—人／森 孝—年
白洲正子—謡曲平家物語	水原紫苑—解／森 孝—年
白洲正子—西国巡礼	多田富雄—解／森 孝—年
白洲正子—私の古寺巡礼	高橋睦郎—解／森 孝—年
白洲正子—[ワイド版]古典の細道	勝又 浩—人／森 孝—年
杉浦明平—夜逃げ町長	小嵐九八郎—解／若杉美智子—年
鈴木大拙訳—天界と地獄 スエデンボルグ著	安藤礼二—解／編集部—年
鈴木大拙—スエデンボルグ	安藤礼二—解／編集部—年
青鞜社編—青鞜小説集	森 まゆみ—解
曽野綾子—雪あかり 曽野綾子初期作品集	武藤康史—解／武藤康史—年
高井有一—時の潮	松田哲夫—解／武藤康史—年
高橋源一郎—さようなら、ギャングたち	加藤典洋—解／栗坪良樹—年
高橋源一郎—ジョン・レノン対火星人	内田 樹—解／栗坪良樹—年
高橋源一郎—虹の彼方に《オーヴァー・ザ・レインボウ》	矢作俊彦—解／栗坪良樹—年
高橋源一郎—ゴーストバスターズ 冒険小説	奥泉 光—解／若杉美智子—年
高橋たか子—誘惑者	山内由紀人—解／著者—年
高橋たか子—人形愛|秘儀|甦りの家	富岡幸一郎—解／著者—年
高橋英夫—新編 疾走するモーツァルト	清水 徹—解／著者—年
高見 順—如何なる星の下に	坪内祐三—解／宮内淳子—年
高見 順—死の淵より	井坂洋子—解／宮内淳子—年
高見 順—わが胸の底のここには	荒川洋治—解／宮内淳子—年
高見沢潤子—兄 小林秀雄との対話 人生について	
武田泰淳—蝮のすえ|「愛」のかたち	川西政明—解／立石 伯—案
武田泰淳—司馬遷—史記の世界	宮内 豊—解／古林 尚—年

武田泰淳	風媒花	山城むつみ―解／編集部―年
竹西寛子	式子内親王｜永福門院	雨宮雅子―人／著者―年
太宰 治	男性作家が選ぶ太宰治	編集部―年
太宰 治	女性作家が選ぶ太宰治	
太宰 治	30代作家が選ぶ太宰治	編集部―年
多田道太郎	転々私小説論	山田 稔―解／中村伸二―年
田中英光	桜｜愛と青春と生活	川村 湊―解／島田昭男―案
谷川俊太郎	沈黙のまわり 谷川俊太郎エッセイ選	佐々木幹郎―解／佐藤清文―年
谷崎潤一郎	金色の死 谷崎潤一郎大正期短篇集	清水良典―解／千葉俊二―年
種田山頭火	山頭火随筆集	村上 護―解／村上 護―年
田宮虎彦	足摺岬 田宮虎彦作品集	小笠原賢二―解／森本昭三郎―年
田村隆一	腐敗性物質	平出 隆―人／建畠 晢―年
多和田葉子	ゴットハルト鉄道	室井光広―解／谷口幸代―年
多和田葉子	飛魂	沼野充義―解／谷口幸代―年
多和田葉子	かかとを失くして｜三人関係｜文字移植	谷口幸代―解／谷口幸代―年
近松秋江	黒髪｜別れたる妻に送る手紙	勝又 浩―解／柳沢孝子―案
塚本邦雄	定家百首｜雪月花(抄)	島内景二―解／島内景二―年
塚本邦雄	百句燦燦 現代俳諧頌	橋本 治―解／島内景二―年
塚本邦雄	王朝百首	橋本 治―解／島内景二―年
塚本邦雄	西行百首	島内景二―解／島内景二―年
塚本邦雄	花月五百年 新古今天才論	島内景二―解／島内景二―年
塚本邦雄	秀吟百趣	島内景二―解
塚本邦雄	珠玉百歌仙	島内景二―解
塚本邦雄	新撰 小倉百人一首	島内景二―解
辻 邦生	黄金の時刻の滴り	中条省平―解／井上明久―年
辻 潤	絶望の書｜ですぺら 辻潤エッセイ選	武田信明―解／高木 護―年
津島美知子	回想の太宰治	伊藤比呂美―解／編集部―年
津島佑子	光の領分	川村 湊―解／柳沢孝子―案
津島佑子	寵児	石原千秋―解／与那覇恵子―年
津島佑子	山を走る女	星野智幸―解／与那覇恵子―年
津島佑子	あまりに野蛮な 上・下	堀江敏幸―解／与那覇恵子―年
鶴見俊輔	埴谷雄高	加藤典洋―解／編集部―年
寺田寅彦	寺田寅彦セレクション Ⅰ 千葉俊二・細川光洋選	千葉俊二―解／永橋禎子―年
寺田寅彦	寺田寅彦セレクション Ⅱ 千葉俊二・細川光洋選	細川光洋―解

講談社文芸文庫

寺山修司 ―私という謎 寺山修司エッセイ選	川本三郎―解／白石 征―年
寺山修司 ―ロング・グッドバイ 寺山修司詩歌選	齋藤愼爾―解
寺山修司 ―戦後詩 ユリシーズの不在	小嵐九八郎―解
戸板康二 ―丸本歌舞伎	渡辺 保―解／犬丸 治―年
十返肇 ―「文壇」の崩壊 坪内祐三編	坪内祐三―解／編集部―年
戸川幸夫 ―猛犬 忠犬 ただの犬	平岩弓枝―解／中村伸二―年
徳田秋声 ―あらくれ	大杉重男―解／松本 徹―年
徳田秋声 ―黴｜爛	宗像和重―解／松本 徹―年
外村繁 ―澪標｜落日の光景	川村 湊―解／藤本寿彦―案
富岡幸一郎 ―使徒的人間 ―カール・バルト―	佐藤 優―解／著者―年
富岡多恵子 ―表現の風景	秋山 駿―解／木谷喜美枝―案
富岡多恵子 ―逆髪	町田 康―解／著者―年
富岡多恵子編 ―大阪文学名作選	富岡多恵子―解
富岡多恵子 ―室生犀星	蜂飼 耳―解／著者―年
土門拳 ―風貌｜私の美学 土門拳エッセイ選 酒井忠康編	酒井忠康―解／酒井忠康―年
永井荷風 ―日和下駄 一名 東京散策記	川本三郎―解／竹盛天雄―年
永井荷風 ―［ワイド版］日和下駄 一名 東京散策記	川本三郎―解／竹盛天雄―年
永井龍男 ―一個｜秋その他	中野孝次―解／勝又 浩―案
永井龍男 ―わが切抜帖より｜昔の東京	中野孝次―人／森本昭三郎―年
永井龍男 ―カレンダーの余白	石原八束―人／森本昭三郎―年
永井龍男 ―へっぽこ先生その他	高井有一―解／編集部―年
永井龍男 ―東京の横丁	川本三郎―解／編集部―年
中上健次 ―熊野集	川村二郎―解／関井光男―案
中上健次 ―化粧	柄谷行人―解／井口時男―案
中上健次 ―蛇淫	井口時男―解／藤本寿彦―年
中上健次 ―風景の向こうへ｜物語の系譜	井口時男―解／藤本寿彦―年
中上健次 ―水の女	前田 塁―解／藤本寿彦―年
中上健次 ―地の果て 至上の時	辻原 登―解
中川一政 ―画にもかけない	高橋玄洋―人／山田幸男―年
中沢けい ―海を感じる時｜水平線上にて	勝又 浩―解／近藤裕子―案
中沢けい ―女ともだち	角田光代―解／近藤裕子―年
中沢新一 ―虹の理論	島田雅彦―解／安藤礼二―年
中島敦 ―光と風と夢｜わが西遊記	川村 湊―解／鷺 只雄―案
中島敦 ―斗南先生｜南島譚	勝又 浩―解／木村一信―案

中薗英助 —北京飯店旧館にて　藤井省三—解／立石 伯—年
中野重治 —村の家|おじさんの話|歌のわかれ　川西政明—解／松下 裕—案
中野重治 —斎藤茂吉ノート　小高 賢—解
中原中也 —中原中也全詩歌集 上・下 吉田凞生編　吉田凞生—解／青木 健—案
中村真一郎-死の影の下に　加賀乙彦—解／鈴木貞美—案
中村光夫 —二葉亭四迷伝 ある先駆者の生涯　絓 秀実—解／十川信介—案
中村光夫 —風俗小説論　千葉俊二—解／金井景子—年
中村光夫選-私小説名作選 上・下 日本ペンクラブ編
中村光夫 —谷崎潤一郎論　千葉俊二—解／金井景子—年
夏目漱石 —思い出す事など|私の個人主義|硝子戸の中　石﨑 等—年
西脇順三郎-野原をゆく　新倉俊一—人／新倉俊一—年
西脇順三郎-*ambarvalia*|旅人かへらず　新倉俊一—人／新倉俊一—年
日本文藝家協会編-現代小説クロニクル 1975～1979　川村 湊—解
日本文藝家協会編-現代小説クロニクル 1980～1984　川村 湊—解
日本文藝家協会編-現代小説クロニクル 1985～1989　川村 湊—解
日本文藝家協会編-現代小説クロニクル 1990～1994　川村 湊—解
日本文藝家協会編-現代小説クロニクル 1995～1999　川村 湊—解
日本文藝家協会編-現代小説クロニクル 2000～2004　川村 湊—解
日本文藝家協会編-現代小説クロニクル 2005～2009　川村 湊—解
日本文藝家協会編-現代小説クロニクル 2010～2014　川村 湊—解
野口冨士男-なぎの葉考|少女 野口冨士男短篇集　勝又 浩—解／編集部—年
野口冨士男-風の系譜　川本三郎—解／平井一麥—年
野坂昭如 —人称代名詞　秋山 駿—解／鈴木貞美—案
野坂昭如 —東京小説　町田 康—解／村上玄一—年
野田宇太郎-新東京文学散歩 上野から麻布まで　坂崎重盛—解
野田宇太郎-新東京文学散歩 漱石・一葉・荷風など　大村彦次郎-解
野間 宏 —暗い絵|顔の中の赤い月　紅野謙介—解／紅野謙介—年
野呂邦暢 —[ワイド版]草のつるぎ|一滴の夏 野呂邦暢作品集　川西政明—解／中野章子—年
橋川文三 —日本浪曼派批判序説　井口時男—解／赤藤了勇—年
蓮實重彥 —夏目漱石論　松浦理英子-解／著者—年
蓮實重彥 —「私小説」を読む　小野正嗣—解／著者—年
蓮實重彥 —凡庸な芸術家の肖像 上 マクシム・デュ・カン論
蓮實重彥 —凡庸な芸術家の肖像 下 マクシム・デュ・カン論　工藤庸子—解
服部 達 —われらにとって美は存在するか 勝又浩編　勝又 浩—解／齋藤秀昭—年

講談社文芸文庫

講談社文芸文庫

吉田健一――[ワイド版]絵空ごと|百鬼の会　高橋英夫――解/勝又 浩――案
吉田健一――昔話　島内裕子――解/藤本寿彦――年
吉田知子――お供え　荒川洋治――解/津久井 隆――年
吉田秀和――ソロモンの歌|一本の木　大久保喬樹-解
吉田 満――戦艦大和ノ最期　鶴見俊輔――解/古山高麗雄-案
吉田 満――[ワイド版]戦艦大和ノ最期　鶴見俊輔――解/古山高麗雄-案
吉村 昭――月夜の記憶　秋山 駿――解/木村暢男――年
吉本隆明――西行論　月村敏行――解/佐藤泰正――案
吉本隆明――マチウ書試論|転向論　月村敏行――解/梶木 剛――案
吉本隆明――吉本隆明初期詩集　著者――解/川上春雄――案
吉本隆明――吉本隆明対談選　松岡祥男――解/高橋忠義――年
吉本隆明――書物の解体学　三浦雅士――解/高橋忠義――年
吉本隆明――マス・イメージ論　鹿島 茂――解/高橋忠義――年
吉本隆明――写生の物語　田中和生――解/高橋忠義――年
吉屋信子――自伝的女流文壇史　与那覇恵子-解/武藤康史――年
吉行淳之介-暗室　川村二郎――解/青山 毅――案
吉行淳之介-星と月は天の穴　川村二郎――解/荻久保泰幸-案
吉行淳之介-やわらかい話2 吉行淳之介対談集 丸谷才一編　久米 勲――年
吉行淳之介-街角の煙草屋までの旅 吉行淳之介エッセイ選　久米 勲――解/久米 勲――年
吉行淳之介-詩とダダと私と　村松友視――解/久米 勲――年
吉行淳之介編-酔っぱらい読本　徳島高義――解
吉行淳之介編-続・酔っぱらい読本　坪内祐三――解
吉行淳之介編-最後の酔っぱらい読本　中沢けい――解
李恢成――サハリンへの旅　小笠原 克――解/紅野謙介――案
李恢成――流域へ 上・下　姜 尚 中――解/著者――年
リービ英雄-星条旗の聞こえない部屋　富岡幸一郎-解/著者――年
リービ英雄-天安門　富岡幸一郎-解/著者――年
早稲田文学 市川真人編-早稲田作家処女作集　市川真人――解
和田芳恵――ひとつの文壇史　久米 勲――解/保昌正夫――年